HAZ LO QUE
MÁS
IMPORTA

HAZ LO QUE MÁS IMPORTA

LIDERA CON UNA VISIÓN, GESTIONA CON UN PLAN Y PRIORIZA TU TIEMPO

ROB SHALLENBERGER Y STEVE SHALLENBERGER

BK®

Berrett–Koehler Publishers, Inc

Berrett-Koehler Publishers, Inc.
1333 Broadway, Suite 1000
Oakland, CA 94612-1921
Tel: (510) 817-2277
Fax: (510) 817-2278
www.bkconnection.com

INFORMACIÓN DE PEDIDOS
Ventas por cantidad. Se ofrecen descuentos especiales por cantidad, compras de empresas y asociaciones, entre otros. Para más información, póngase en contacto con el Departamento de Ventas Especiales mediante la dirección anterior de Berrett- Koehler.
Ventas individuales. Las publicaciones de Berrett-Koehler se pueden comprar en la mayoría de librerías. También se pueden pedir directamente en Berrett-Koehler: Tel.: (800) 929-2929; Fax: (802) 864-7626; www.bkconnection.com.
Pedidos de libros de textos/uso en forma de curso. Póngase en contacto con Berrett- Koehler: Tel.: (800) 929-2929; Fax: (802) 864-7626.

Distribuido en los EE. UU. e internacionalmente por Penguin Random House Publisher Services.

Berrett-Koehler y el logo de BK logo son marcas registradas de Berrett-Koehler Publishers, Inc.

Impreso en los Estados Unidos de América

Los libros de Berrett-Koehler están impresos en papel de larga duración libre de ácidos. En la medida de lo posible, elegimos papel fabricado mediante procesos responsables con el medioambiente, por ejemplo, de árboles cultivados en bosques sostenibles, papel reciclado, con minimización de cloro en el blanqueo o reciclando la energía producida en la fábrica de papel.

Roles and Goals® y Pre-Week Planning® son marcas registradas de Becoming Your Best Global Leadership.

Nombre: Shallenberger, Robert R., author. | Shallenberger, Steven R., author.
Título: Do what matters most : lead with a vision, manage with a plan, prioritize your time / Rob Shallenberger & Steve Shallenberger.
Descripción: First edition. | Oakland, CA : Berrett-Koehler Publishers, Inc., [2021] | Includes bibliographical references and index.
Identificadores: LCCN 2021001487 | ISBN 9781523001194 (paperback) |
ISBN 9781523001200 (adobe pdf) | ISBN 9781523001217 (epub)
LCSH: LCSH: Time management. | Goal (Psychology) | Performance. | Success in business.
Clasificación: LCC HD69.T54 S53 2021 | DDC 658.4/09—dc23
registro disponible en https://lccn.loc.gov/2021001487

Primera edición en español
2021-1

Productor de libros y diseñador de textos de edición en inglés: Happenstance Type-O-Rama
Diseñador de portada de la edición en inglés: Irene Morris, Morris Design
Maquetación: produccioneditorial.com

Este libro está dedicado a los muchos amigos
y familiares que influenciaron profundamente
nuestras vidas, especialmente Roxanne y Tonya.
También lo dedicamos a los hijos de Steve
—David, Steven, Tommy, Daniel y Anna
(así como a sus increíbles cónyuges)—
y a los hijos de Rob —Bella, Lana y Clara.

CONTENIDO

PREFACIO

Uno de los elementos que más personas comparten es el deseo por marcar la diferencia, aumentar su productividad, rendir a alto nivel y priorizar las cosas más importantes de sus vidas. Son muchos quienes buscan formas de destacar entre los demás y centrarse en lo más importante, independientemente de si eso implica aumentar la productividad en el trabajo, prestar atención a la salud, a las relaciones o al bienestar personal. El desafío radica en que la mayoría de personas carecen de los procesos o impulsos iniciales para ello y no experimentan más que frustración. Los eventos de carácter mundial, como las pandemias o catástrofes naturales, pueden magnificar tales retos. Por ejemplo, quizá te encuentres teletrabajando e intentando conciliar el cuidado de los hijos, o tratas de gestionar todos tus asuntos sin poder trabajar en la misma oficina con el resto de tu equipo.

En lo que respecta al rendimiento y la productividad, la mayoría de organizaciones y líderes anhelan como agua de mayo algo que los ayude a priorizar el tiempo y centrarse en lo más importante. Se suele pedir a los empleados que consigan más con menos, y el resultado no es otro que la frustración, pérdidas y una cultura subóptima. Los líderes tratan de descubrir cómo mejorar sus resultados y rentabilidad en sus divisiones y departamentos, pero a menudo se les acaban las ideas.

En nuestra investigación realizada con más de 1 260 gestores y ejecutivos de más de 108 organizaciones diferentes, el 68 % consideran que su principal desafío consiste en saber priorizar el tiempo. A su vez, el 80 % afirmó carecer de proceso alguno para planificar y centrarse en lo más importante.

Steve y Rob han invertido décadas de investigación en identificar los hábitos de alto rendimiento del mejor 10 % de empresas de todos los sectores para dar con algún recurso que resulte útil para cerrar la brecha de productividad. En este libro compartimos tres hábitos concretos que incrementan el rendimiento y la productividad entre un 30 y un 50 % a la vez que reducen el estrés. Esto se traduce en equipos de profesionales que completan sus tareas a tiempo o incluso antes de la fecha límite, mejores colaboradores y líderes más aptos y activamente implicados que hacen lo que más importa y mejoran sus vidas y relaciones personales.

Los tres hábitos de alto rendimiento que Steve y Rob identificaron se basan en desarrollar una visión personal escrita, identificar y establecer roles y objetivos y elaborar regularmente una planificación previa de la semana. Se habla mucho de estos hábitos, pero son pocos quienes los ponen en práctica. De hecho, tan solo el 2 % de la población tienen una visión personal escrita, menos del 10 % se sienten confiados para escribir sus objetivos (o los tienen por escrito), y el 80 % considera que no cuentan con ningún proceso para planificar las semanas con eficacia.

Impartimos formación a organizaciones privadas, públicas y gubernamentales de todo el mundo, y hemos atestiguado de primera mano el impacto que estos tres hábitos ejercen en los empleados y los líderes. Desde el CEO hasta el empleado de primera línea, hemos observado una profunda transformación cuando las personas se centran en estos tres hábitos. En este libro hemos recopilado la experiencia de años de formación para que los gestores y empleados dispongan de un punto de partida tan sencillo como eficaz para ponerse manos a la obra.

Este libro está orientado principalmente a empleados, gestores y ejecutivos tanto del sector privado como el público, pero estos mismos hábitos son igualmente efectivos para estudiantes, deportistas, adolescentes y cualquier otra persona que los aplique. Es habitual que los padres regalen una copia de este libro a sus hijos, porque las costumbres que se detallan también pueden serles de provecho.

Hacer lo que más importa representa tanto un marco mental como un conjunto de habilidades que afectan todas las áreas de la vida del individuo. Les invitamos a poner a prueba estos poderosos hábitos en sus vidas y a compartirlos con sus seres queridos. Tras leer el libro, podrán comprobar de primera mano su eficacia en su propia vida, sus compañeros de trabajo y sus familias.

INTRODUCCIÓN

Nuestra promesa: aumentar la productividad entre un 30 y un 50 %

Amy (todos los nombres del libro se han cambiado para proteger la privacidad de las personas implicadas) era una estrella emergente en American Express. A lo largo de los años, trabajó con excelencia en su sector y obtuvo un ascenso tras otro hasta convertirse en directora sénior. Tras ocupar ese puesto durante un tiempo, comenzó a sentir que faltaba algo en su vida, pero no estaba muy segura de qué era. Se trataba de algo intangible que no acababa de identificar. Lo describía como si se hubiera estancado y se sintiera abrumada por todas las presiones y fechas límite de su nuevo rol de liderazgo. Le parecía que ya no priorizaba lo más importante, como si siempre se encontrase en modo reacción.

Amy había superado los cuarenta años, así que durante un tiempo achacó esa sensación a cosas de la edad. Su respuesta inicial consistió en trabajar más duro y dedicar mayores esfuerzos a su interminable lista de proyectos. Creía que podría resolver el problema centrándose, trabajando más duro y completando algunos de los grandes proyectos. Sin embargo, las semanas se convirtieron en meses y nada cambió. Su atención se distraía y su energía se desvanecía a medida que iban pasando los días. Aunque trabajaba más duro, se sentía menos productiva, y la pila de tareas no parecía reducirse. Su supervisor, un líder sénior, comentó que parecía que la actitud y el comportamiento de Amy hubieran cambiado, así como su productividad. La conversación con su jefe no hizo más que aumentar la sensación de saturación y frustración de Amy.

Y no se limitaba al trabajo: la relación con su marido, su hija y algunos de sus amigos también se veía afectada. Ahora entendía el significado de «llevarse el trabajo a casa» después de un largo día. Su hija nació con una enfermedad desafiante, y sentía que no le estaba dedicando el tiempo que merecía. Por si sus frustraciones domésticas y laborales no fueran suficiente, también notaba que le faltaba tiempo para cuidarse a sí misma. Por ejemplo, ya no practicaba deporte con la regularidad habitual.

Usaba términos como *abrumada*, *frustrada* y *en una rutina* para describir su sensación. ¿Cómo había ocurrido? ¿Qué había sucedido para que esta estrella emergente llegara a esa situación?

Amy no era la clase de persona que se rinde y tira la toalla; su determinación era volver a poner sus asuntos en orden. No obstante, en cuanto a la productividad y la gestión del tiempo, enseguida estallaron ruidos e informaciones contradictorias. Amy leyó varios libros y escuchó distintos pódcast en busca de soluciones. Durante los meses siguientes, intentó todo tipo de técnicas que recabó de distintas fuentes. Se topó con algunos consejos: empieza con el proyecto más importante por la mañana; identifica los tres objetivos clave del día y céntrate en ellos. Le parecieron buenas recomendaciones, pero ninguna solucionó su problema fundamental: las cosas más importantes no resultaban y no podía escapar de la rutina en la productividad. Le hacía falta un marco o proceso que la ayudara a volverse significativamente productiva, reservar tiempo para lo más importante y volver a prender su llama interior.

Fue en ese punto de su vida cuando la conocimos. Asistió a un seminario de «Haz lo que más importa» en una gran conferencia formativa en Washington D. C. El tema se centraba en lo que conocemos como *los tres grandes*:

1. Cómo desarrollar una visión personal escrita.

2. Cómo fijar roles y objetivos.

3. Cómo elaborar una planificación previa de la semana.

Cuando finalizó la sesión, Amy se dirigió con brío a la parte delantera de la sala. Se notaba que se encontraba en una misión para llegar donde nosotros estábamos. Cuando nos alcanzó, saludó efusivamente a Rob con un apretón de manos y le espetó: «¡Es esto! ¡Por fin encontré lo que buscaba... un proceso *simple* que me ayude a recuperar mi vida! He leído todo tipo de materiales sobre visión, objetivo y planificación semanal, pero nunca me lo presentaron de esta forma».

Nos explicó brevemente su contexto y todo lo sucedido en el último año, tanto a nivel personal como profesional. Su entusiasmo nos emocionó. Contaba con el esquema mental adecuado; tan solo le faltaban las habilidades para mejorar su rendimiento y productividad. Prometió aplicar este nuevo proceso de visión, objetivos y planificación previa de la semana y compartirnos sus resultados el mes siguiente. Sabíamos que si dedicaba esfuerzos a desarrollar su visión, roles y objetivos, y seguía con regularidad su planificación previa de la semana, lograría un impacto en todos los aspectos de su vida.

Fue fiel a su palabra: cerca de un mes más tarde, nos envió un correo electrónico donde exponía lo siguiente:

> Quería hacerles saber que esta visión, roles, objetivos y planificación previa de la semana han ejercido un impacto perenne en mí. Mi jefe, compañeros y empleados directos han notado la diferencia: ahora soy más positiva y me organizo mejor, algo que no sucedía desde hacía tiempo. En lo personal, he perdido 5 kilos este mes, practicado deporte cinco veces por semana y recuperado el compromiso con mi vida (familia, amigos y, especialmente, mi marido e hija). Me encuentro con horas del día que ni sabía que estaban ahí; soy muy productiva. ¡Estos hábitos me han cambiado la vida!

Varios meses después de enviar este correo, nos reencontramos con ella y pudimos apreciar la diferencia en su comportamiento y actitud. Aunque nos emocionaba atestiguar este cambio tan duradero, no supuso ninguna sorpresa. En cuanto adoptó ese proceso y ese marco, experimentó una transformación integral.

Son muchas las Amys del mundo. En cierto punto, todos experimentamos esa sensación en un grado u otro. Tal vez incluso aceptamos nuestra situación como normal y no hacemos nada por resolverla.

Como Amy, la mayoría de personas sienten esos hilos comunes que vinculan a la mayoría de gente: el deseo de aumentar la productividad, rendir a un nivel más alto, marcar la diferencia para bien y priorizar lo más importante en la vida. Pero la mayoría carece del proceso o el lugar desde el cual empezar, y el resultado no es otro que la frustración.

Los eventos globales pueden magnificar estos sentimientos al añadir desafíos nuevos. Por ejemplo, el teletrabajo, el cuidado de los niños y la escuela en línea generan preocupaciones reales y válidas que actualmente son el pan de cada día en todo el mundo.

Desde nuestra experiencia, conocemos a incontables líderes que quieren presenciar mejoras en el rendimiento y la productividad de los miembros de sus equipos. Algunas de las preguntas más frecuentes que escuchamos son: «¿Por dónde empiezo?» y «¿Qué hago?». Para responderlas, creemos que la verdadera transformación en el rendimiento y la productividad requieren tanto un esquema mental como un conjunto de habilidades. En otras palabras, si una persona o equipo quieren experimentar una mejora significativa, deben empezar con el esquema mental correcto y, luego, aplicar las habilidades. En el caso de Amy, disponía del esquema mental —la disposición y la disciplina— para aplicar las habilidades que aprenderás en este libro. Cuando tienes la determinación y disciplina para aplicar las habilidades, generarás resultados relevantes en tu vida personal y profesional.

La mayoría de personas han escuchado muchas cosas sobre la visión, los objetivos y la planificación semanal. No obstante, a pesar de conocer los términos, pocos los aplican (más adelante, compartiremos datos al respecto). Los procesos específicos que compartimos en este libro recuperan la visión, los objetivos y la planificación semanal de forma única. Al final del libro esperamos que estés de acuerdo con que los presentamos de forma sencilla, pero capaz de cambiarte la vida.

Cómo surgió este libro

Hemos dedicado más de 40 años a investigar el 10 % principal de los grandes líderes y personas de mayor rendimiento de múltiples sectores, y hemos dado con 12 principios que se repiten constantemente en los individuos y líderes altamente exitosos. Estos 12 principios también están disponibles en nuestro otro libro *Convirtiéndote en tu mejor: los 12 principios de los líderes altamente exitosos*.

Evidentemente, ninguno de los sujetos investigados o entrevistados era perfecto (nadie lo es). Pero cuando vimos en qué se centraban esas personas de alto rendimiento, los 12 principios aparecieron como un denominador común para el éxito de todas ellas. Se trata de 12 predictores sólidos para el éxito, tanto a nivel personal como profesional.

Tras impartir formaciones a cientos de organizaciones centrándonos en la implementación de los 12 principios, detectamos que 3 de ellos ejercían una profunda influencia en personas de todo el mundo: liderar con una visión, gestionar con un plan y priorizar el tiempo. Aunque nuestro libro original (*Convirtiéndote en tu mejor*) detallaba estos 3 principios, sabíamos que quedaba mucho por hacer a nivel organizacional en cuanto a la planificación y la productividad. Así empezó un nuevo periodo de investigación donde nos centramos en los principios de liderar con una visión, gestionar con un plan y priorizar el tiempo.

Esta son algunas de las preguntas que queríamos responder como parte de esta nueva investigación: ¿cuántas personas de una organización tenían una visión personal? ¿Cuán excelentes eran los empleados y gestores a la hora de establecer objetivos? ¿Funcionaba su proceso actual para definir objetivos? ¿Cómo priorizaban los gestores y empleados su tiempo y cómo planificaban sus semanas? ¿Su enfoque actual para la planificación semanal era eficaz? Cuando los equipos aprendieron a establecer objetivos con eficacia y priorizar su tiempo, ¿cómo influyó eso en sus resultados? ¿Cómo afectaba la planificación o la falta de la misma en los niveles de estrés del personal? ¿Cómo podían las personas y los equipos avanzarse a los acontecimientos y priorizar lo más importante?

Este tipos de preguntas y nuestra curiosidad nos llevaron a sumergirnos más profundamente en estos tres principios. Queríamos construir una extensión a nuestro primer libro y desarrollar una investigación más focalizada que trascendiera las razas, culturas y géneros. Queríamos investigar organizaciones para incluir tanto a empresas nuevas y emergentes como a compañías más reconocibles. Queríamos descubrir con precisión cuál era el impacto de estos tres principios en el rendimiento y la productividad.

El resultado de nuestra investigación puso de manifiesto que los gestores y empleados necesitaban algún recurso que los ayudara a priorizar su tiempo y hacer lo que más importa. Por ello, aunque el libro original trataba estos tres principios, en *Haz lo que más importa* profundizamos significativamente más en cada uno de ellos con muchos más recursos, actualizaciones de la investigación y herramientas.

Tras finalizar nuestra investigación, identificamos tres hábitos correspondientes que resultan clave para dominar estos principios. En adelante, nos referimos a estos tres hábitos de alto rendimiento —visión, roles y objetivos— como *los tres grandes*.

¡Estos hábitos aúnan fuerzas para crear la química de la excelencia!

Los tres grandes conforman lo que a menudo definimos como un *conjunto de habilidades*. Nos fascinó descubrir que menos del 1 % de la población encuestada lo había desarrollado. Por tanto, cuando los adoptas, te unes a un porcentaje diminuto de la sociedad. La combinación de este conjunto de habilidades y mentalidad puede ejercer un impacto transformador tanto a nivel personal como profesional.

Estos tres hábitos aumentan drásticamente la productividad, el rendimiento y la capacidad de la persona para centrarse en lo más importante. Son estos hábitos los que ayudan a las personas a dominar los tres principios investigados.

A continuación, presentamos una breve descripción de cómo los hábitos de la visión, roles, objetivos y planificación previa de la semana se relacionan directamente con sus tres principios respectivos:

- **Lidera con una visión (el principio)**

  Desarrolla una visión personal escrita (el hábito) que sea significativa y te proporcione dirección y propósito.

- **Gestiona con un plan (el principio).**

  Establece roles y objetivos específicos para este año (el hábito) que te ayuden a centrarte esencialmente en lo más importante para contar con un equilibrio de historias de éxito en todas las áreas de tu vida.

- **Prioriza tu tiempo (el principio)**

  Haz lo que más importa a través de una planificación previa de la semana (el hábito). La planificación previa de la semana te ayudará a planificar tus prioridades en lugar de priorizar tu planificación. En otras palabras, cada semana usarás este proceso para hacer lo más importante y conectar tus objetivos a nivel semanal y diario, tanto a nivel personal como profesional.

Rob sirvió como piloto de combate en las fuerzas áreas de Estados Unidos durante 11 años. A lo largo de ese tiempo, aprendió que las fuerzas áreas se valen de un enfoque estratégico, operativo y táctico. El nivel de comando se centra en la estrategia. Los planes operativos habitualmente se trazan a nivel base y se centran en cómo lograr propósitos estratégicos. El enfoque táctico se realiza a nivel de escuadrón. En otras palabras, es donde los motores arrancan para alcanzar objetivos operativos y estratégicos. Te invitamos a adoptar el mismo enfoque en tu vida personal y profesional desarrollando una visión personal escrita (enfoque estratégico), identificando tus roles y objetivos del año (enfoque operativo) y empleando un proceso llamado planificación previa de la semana para hacer lo que más importa a nivel semanal y diario (enfoque táctico). Estos tres hábitos resultarán clave para desarrollar lo que conocemos como *tu plan de viaje para la vida*.

¡El conjunto de habilidades de los tres grandes aumentará drásticamente tu enfoque en lo que más importa en todas las áreas de tu vida!

Nuestra promesa

Te prometemos que, cuando te centres en *los tres grandes* —visión, roles y objetivos y planificación previa de la semana— tu productividad aumentará entre un 30 y un 50 %, y disfrutarás de uno de tus mejores años.

Aunque surjan desafíos a lo largo del año —algo que, sin duda, ocurrirá—, te encontrarás mejor equipado para afrontarlos. Y no solo eso: además, dispondrás de mayor poder, resiliencia y enfoque.

Afirmar que estos tres hábitos aumentarán significativamente tu productividad y te empoderarán para dedicarte sistemáticamente a las cosas más importantes de tu vida es una promesa audaz. No obstante, fuimos testigos de cómo sucedió en nuestras propias vidas y en las de cientos de otros, desde líderes sénior hasta empleados de primera línea, pasando por estudiantes y amas de casa.

Imagina lo que ocurre en un equipo cuando la productividad media de los empleados aumenta entre un 30 y un 50 %. Eso suele traducirse en millones de dólares e incluso más; resulta en equipos productivos llenos de personas con las que es divertido trabajar. En lugar de un equipo que se dedica a apagar incendios, dispondrás de un grupo de personas que saben cómo priorizar el tiempo y hacer lo más importante. En lugar de saturarse de tareas, los miembros del equipo se comunicarán bien, reaccionarán correctamente y terminarán las tareas con puntualidad o incluso antes de tiempo.

Del mismo modo en que el aumento de la productividad resulta importante para el éxito de cualquier equipo, también ejerce un importante efecto en tu vida personal. Imagina lo que podría suceder en tu vida y relaciones cuando empieces a descubrir horas de la semana que ni siquiera sabías que existían. Imagina encontrarte en tu peso o estado de forma ideal. Imagina la gran relación que entablarás con tu pareja, cónyuge, hijos y familiares. Imagina despertarte por la mañana con ilusión por afrontar el día.

A lo largo de este camino te invitaremos a salir de tu zona de confort, y eso te supondrá un esfuerzo. La disposición para expandirse y crecer forma parte de la mentalidad de hacer lo más importante.

Como en cualquier emprendimiento, extraerás de este libro lo que seas capaz de invertir en él. No existen atajos para el éxito. Si inviertes esfuerzos, cosecharás resultados inmediatos tanto en lo personal como en lo profesional. Lo fascinante de este conjunto de habilidades es que no importa quién seas: estos hábitos soportan el paso del tiempo y trascienden nacionalidades, razas, culturas y géneros. A lo largo del libro, esperamos que:

1. Desarrolles una visión personal escrita poderosa.

2. Definas roles y objetivos para el año centrados en lo que más importa.

3. Priorices tu tiempo cada semana a través de la planificación previa de la semana.

Con estos hábitos fáciles de entender y directos, aprenderás a planificar tus prioridades para que tu agenda no dicte lo que haces. Sentirás el poder del sentido de la dirección y del propósito. El estrés disminuirá y la productividad aumentará. Tus aportaciones como líder y miembro del equipo se incrementarán. Cuidarás de tu salud física y mental y dedicarás más tiempo de calidad a las personas importantes de tu vida.

Al avanzar en el libro comprobarás cómo, al aplicar los tres grandes, una empleada «promedio» consiguió generar su mayor rendimiento en el equipo; cómo un vicepresidente sénior transformó su liderazgo por completo y reactivó a su equipo para cosechar resultados récord; cómo un gestor pasó de andar siempre «ocupado» y estresado a transformar a su equipo y su vida familiar; cómo la integrante de un equipo consiguió dejar de pedir la baja por ansiedad y mejorar sus resultados de ventas; y cómo un CEO que creía haberse quedado sin ideas recobró el fuego y la pasión.

Estos son solo algunos de los muchos ejemplos que leerás a lo largo del libro. Estas experiencias proceden de personas que experimentaron resultados formidables al combinar la mentalidad correcta con el conjunto de habilidades de los tres grandes. Muchas de las historias de este libro proceden de personas que ya se encontraban en una buena situación vital, pero los tres grandes las ayudaron a centrarse, hacer lo más importante y llegar a una posición incluso mejor.

Este conjunto de habilidades supondrá un punto de inflexión al que esperamos que regreses muchas veces a lo largo de la vida. Esperamos que dediques el trabajo y esfuerzo necesarios para desarrollar estos hábitos y poner a prueba nuestra promesa por ti mismo.

Realiza la evaluación de productividad personal

Antes de leer el resto del libro, te invitamos a visitar BYBassessment.com y realizar una evaluación de rendimiento y productividad personal gratuita. Esta evaluación te ofrecerá una puntuación objetiva para comprobar cómo te desempeñas en distintas áreas de la vida. El objetivo es mejorar *tu* puntuación y avanzar en *tu* vida. La puntuación objetiva se traduce en resultados subjetivos en tu día a día.

Cuando lleves a cabo la evaluación, imprime los resultados y colócalos en un lugar al que puedas volver más tarde. Te invitamos a volver a realizar la evaluación al cabo de tres o cuatro meses, cuando hayas desarrollado los tres grandes hábitos, para comprobar tu nueva puntuación. Cuando apliques lo aprendido en este libro, la puntuación aumentará y percibirás mejoras importantes tanto en tu vida personal como profesional. Esta evaluación identificará formas específicas de *vivir la vida por diseño en lugar de por defecto.*

¡Vamos allá!

Nos ilusiona tenerte a bordo y te agradecemos el tiempo dedicado a leer este libro. Si bien está orientado principalmente a empleados, gestores y ejecutivos, los mismos hábitos pueden impactar la vida de estudiantes, deportistas, adolescentes y cualquier persona que los aplique. Los padres pueden regalar este libro a sus hijos, ya que estos hábitos son tan importantes para el miembro de una organización como para un hijo, hija o estudiante.

Independientemente de cuál sea tu cargo, puesto o situación vital, confiamos en que estos hábitos ejercerán un gran impacto en ti.

¡Aventurémonos, pues, a la mentalidad y conjunto de habilidades de hacer lo que más importa!

1

La mentalidad y las habilidades de hacer lo que más importa

Tal como mencionamos en la introducción, Rob sirvió como piloto de combate en las fuerzas aéreas de Estados Unidos. Hace años, Robert sobrevolaba Carolina del Sur a alas de un F-16 durante una misión de capacitación nocturna. Volaba a 6 000 metros de altura junto a su piloto de flanco, con los dos *jets* separados unos 1 600 metros. Esa noche parecía inusualmente oscura, y el único marco visual de referencia era un estrecho campo de visión en las gafas nocturnas de Rob. Todo parecía muy rutinario hasta que Rob pidió un *hook turn* —un giro simultáneo de 180° en la misma dirección— hacia la izquierda. Al solicitar el giro, una amenaza simulada apareció en la pantalla del radar sobre su rodilla derecha y lo distrajo. En lugar de centrarse en el giro y prestar atención a su piloto de flanco, desvió el foco hacia el radar que mostraba la amenaza. Sucedían tantas cosas en el *jet* que, sin darse cuenta, priorizó lo que no debía. Ese descuido casi le cuesta la vida.

No se dio cuenta de que, al iniciar su giro de 180° hacia la izquierda en dirección a su compañero (que se encontraba a la derecha), este erróneamente giró a la derecha. Sin que ninguno de los dos lo advirtiera, sus rutas de vuelo se cruzaron y se esquivaron el uno al otro por tan solo 30 metros de distancia, a una velocidad combinada de más 1 600 km/h.

Esta maniobra debía ser un giro seguro en la misma dirección en el cual no se acercaban a menos de 1 600 metros el uno del otro. Con todo, sucedían tantas cosas en la cabina de Rob que perdió la pista de sus prioridades y estuvo a punto de morir. Sin saberlo, algo parecido ocurría en el *jet* de su compañero. A él se le había encendido una luz en la cabina que le distrajo de sus prioridades y apartó la vista de Rob, el líder del vuelo. En la reunión posterior, al repasar las cintas, ambos exhalaron un suspiro de alivio al darse cuenta de lo cerca que habían estado de la muerte.

Existe un término de pilotaje conocido como *saturación de tareas*. Se produce cuando el piloto debe gestionar tantos asuntos a la vez en la cabina que ya no puede procesarlo todo. Cuando la saturación de tareas emerge, el piloto empieza un *desprendimiento de tareas*, es decir, deja de realizar ciertas verificaciones o comprobaciones del escaneo de cabina y rápidamente pierde la pista de sus prioridades y de lo que más importa. Por ejemplo, en la cabina hay seis instrumentos principales que el piloto siempre debe tener en mente, como los que indican la altitud o la velocidad aerodinámica. Por desgracia, muchos pilotos han sufrido accidentes debido a esta saturación de tareas, que los condujo a desordenar sus prioridades y olvidar estos instrumentos principales, como le pasó a Rob esa noche.

Es interesante que hasta la reunión posterior al vuelo ni Rob ni su compañero se dieron cuenta del peligro real de su situación. Durante el giro, ambos deberían haberse asegurado de que la ruta que seguían estaba despejada, en lugar de centrarse en el radar. Debido a que ambos estaban saturados de tareas —algo en lo que tampoco repararon hasta dicha reunión—, abandonaron sus prioridades y se centraron en la tarea incorrecta en el momento menos oportuno.

De forma similar, el trajín de la vida fluye y lo permea todo. Aunque en ocasiones la saturación de tareas resulta evidente, en otras es posible que el individuo no se dé cuenta de ella y se suma en una falsa sensación de complacencia. A menudo, hasta que no das un paso atrás para contemplar tu vida (como Rob en la reunión posvuelo), no adviertes tu extrema saturación de tareas. A veces, retroceder es útil para apreciar las cosas con claridad. La saturación de tareas resulta insidiosa, y su forma más peligrosa se da cuando permanece sin detectar, como en el caso de Rob y su piloto de flanco esa noche.

¿Te identificas con la sensación de la saturación de tareas? Sin duda, en algún momento de la vida has experimentado el estrés de tener demasiadas cosas entre manos con un tiempo limitado para atenderlas. Cuando eso ocurre, como ya sabrás, el estrés aumenta, el rendimiento se reduce y la comunicación (especialmente la comunicación eficaz) queda defenestrada.

Un adagio habitual de los negocios hoy en día consiste en *hacer más con menos*. Este enfoque hacia el trabajo se convierte en la receta perfecta para la saturación de tareas y todos los problemas que conlleva, como el decrecimiento de la productividad, un aumento en las pérdidas y un decaimiento de la moral. Otras sensaciones que acompañan la saturación de tareas en el trabajo son el hartazgo, el disgusto, la frustración y, quizá, la inseguridad sobre lo que conviene hacer. Cuando nos sentimos saturados, es fácil distraernos de lo que más importa. En otras palabras, cuando distintas demandas compiten por nuestro tiempo es habitual que las prioridades pasen inadvertidas.

Este tipo de desafíos de rendimiento y productividad se están convirtiendo en algo común. Puede que se trate de un miembro del equipo que teletrabaja y se siente quemado por su falta de visión personal. O quizá un líder prometedor que dispone de una mentalidad y hábitos sólidos, pero carece de herramientas complementarias para hacer lo que más importa.

Imagina a un piloto saturado de tareas que deja de prestar atención a sus instrumentos principales, aquellos diseñados para mantenerlo con vida. Imagina a un líder de equipo saturado de tareas: ¿cuántos de sus «instrumentos principales» pueden verse ignorados? Este exigente entorno es la razón por la que los tres grandes resultan esenciales para ayudar a las personas a centrarse en sus instrumentos principales o, en otras palabras, en lo que más importa.

Estas son algunas de las frases que seguramente habrás oído a otros (o que incluso tú mismo has pronunciado) y que representan síntomas de que la saturación de tareas está emergiendo: «De verdad que quiero, pero estoy demasiado ocupado» o «Sé que debería hacer eso, pero no tengo tiempo». A veces, incluso lucimos esa *medalla del trajín* como si fuera un emblema de honor, como si el ajetreo equivaliera a productividad. La verdad es que cuando alguien no se centra en sus prioridades y en lo que más importa, su productividad se ve negativamente afectada, así como su bienestar, salud, relaciones y finanzas. De hecho, estar *ocupado* con las tareas incorrectas puede hacer más mal que bien, como explicaremos con más detalle en el capítulo 2.

Existe una correlación directa entre el rendimiento y la productividad y el nivel de saturación de tareas del individuo. Cuando la saturación de tareas emerge, el rendimiento disminuye. En cuanto al rendimiento y la productividad, la saturación de tareas no es más que el principio. Las personas más exitosas son aquellas cuyos miembros del equipo saben cómo hacer lo que más importa y aprovechan su tiempo en actividades altamente influyentes. En otras palabras, en actividades que producen el mejor retorno de la inversión de tiempo. Puede que te parezca obvio, pero ¿por qué el tiempo y la productividad suponen retos tan enormes para los líderes y sus equipos? Como explicamos en la introducción, nos disponemos a responder esta pregunta.

Hemos tenido la oportunidad de presenciar lo que ocurre entre bastidores en cientos de organizaciones globales. Un denominador común en casi todas ellas es que la mayoría del personal está más ocupado que nunca. Es habitual que la gente sienta que salta de un incendio a otro o que persigue sin fin un tesoro que con el que jamás lograrán dar. Los líderes tienen una enorme oportunidad para ayudar a sus empleados a centrarse en lo más importante y dedicar el tiempo a actividades altamente influyentes que contribuyan al crecimiento y bienestar de la organización.

Una de las preguntas más habituales es: «¿Por dónde empiezo?». Creemos que la respuesta es que la transformación real del rendimiento y la productividad requiere tanto una mentalidad como unas habilidades. En otras palabras, si una persona o equipo quieren atestiguar mejoras importantes deben empezar con la mentalidad correcta y, a continuación, poner en práctica las habilidades.

La mentalidad de hacer lo que más importa

Desarrollar la mentalidad adecuada es un camino y no tanto un destino. Casi siempre requiere una introspección personal.

La mentalidad de hacer lo más importante se puede describir de muchas formas, pero esta es una descripción que resuena en muchos:

> Las personas exitosas tienen la disposición de centrarse en lo más importante y la disciplina para aplicar las habilidades que las lleven a conseguirlo sistemáticamente.

La mentalidad de hacer lo más importante constituye un cambio de paradigma de un estilo de vida reactivo a uno proactivo o intencional. Se basa en la disposición de reservar tiempo para agendar tus prioridades en lugar de dejar que tu agenda dicte todo lo que haces. Esta mentalidad pone de manifiesto la disciplina para incorporar nuevas habilidades en tus hábitos semanales. Nos gusta definir la *disciplina* como hacer lo correcto en el momento oportuno, independientemente de cómo nos sintamos al respecto. La disciplina es una parte esencial de la mentalidad de hacer lo que más importa.

Otra forma de entender esta mentalidad es la que encontramos en una de nuestras citas favoritas, atribuida a san Jerónimo:

> *Bueno, mejor, excelente. Nunca te detengas hasta*
> *que tu bueno sea mejor y tu mejor sea excelente.*

No importa cuáles son tus circunstancias hoy ni cómo es tu punto de partida. Para muchas personas, la vida puede resultar satisfactoria en muchos sentidos. Por ejemplo, puede que te consideren un «buen» gestor. Sin embargo, la mentalidad de hacer lo que más importa consiste en preguntarte a ti mismo: «¿Qué puedo hacer mejor? ¿Cómo puedo ser un líder o integrante más productivo? ¿Cómo puedo ser mejor padre, cónyuge, hijo o hermano?». No importa cuáles son los puntos de partida ahora mismo (incluso si las cosas nos van bien); esta cita nos invita a considerar que podemos ser mejores en distintas áreas de la vida.

Es fácil mirar a los demás y pensar en todo lo que necesitan mejorar (en lugar de hacer lo propio con nosotros mismos). En vez de mirar a los demás, la cita sobre *lo bueno, lo mejor y lo excelente* nos invita a asumir responsabilidad por nosotros mismos. Implica mirarnos al espejo y preguntarnos honestamente: «¿Qué puedo hacer para ser un mejor integrante de mi equipo? ¿Qué puedo hacer para ser un mejor líder?». En cuanto comenzamos a plantearnos esta clase de preguntas, nuestra mentalidad abre la puerta a las habilidades que nos empoderan y habilitan para crecer drásticamente. El rendimiento, la productividad y el bienestar empiezan a mejorar. Las habilidades se vuelven exponencialmente más poderosas cuando se combinan con una mentalidad dispuesta.

Uno de los mejores ejemplos para ilustrar esta mentalidad lo vimos en un propietario de un negocio de 92 años en Kenia. Durante nuestro taller, comentó a todo el grupo: «¡Mi mejor versión aún está por venir! No puedo esperar para finalizar mi visión y objetivos y empezar a elaborar mi planificación previa de la semana». Imagina el ambiente y la cultura que este líder estaba presentando a su organización. Les demostró claramente que valoraba el aprendizaje y el crecimiento. Comunicó que no se conformaba con la complacencia y la comodidad de donde se encontraba, ¡a pesar de tener 92 años! Este tipo de mentalidad es el ejemplo de lo que es el liderazgo en cualquier organización de éxito.

Los enemigos de la mentalidad de hacer lo que más importa

Nuestra investigación muestra que muchos empleados y gestores suelen reaccionar a los incendios de cada día, lo que es un síntoma de la saturación de tareas. El líder transformacional que emplea esta mentalidad, por el contrario, minimizará la respuesta a los incendios para priorizar proactivamente y planificar lo que más importa. Decimos *minimizar* porque siempre estallarán incendios imprevistos. Pero ¿cuántos de esos fuegos podríamos haber prevenido de buen principio si hubiésemos empleado la planificación proactiva? Es más fácil planificar proactivamente y anticiparse a los acontecimientos cuando no estamos saturados de tareas.

Otra batalla habitual en cuanto a la mentalidad que todos hemos enfrentado en mayor o menor grado es la *complacencia*. En el mundo del piloto de combate, se conoce a la complacencia como la asesina sigilosa. La complacencia debería ser tan preocupante para las organizaciones como lo es para el piloto. La lista de empresas que cayeron en la complacencia y no implementaron cambios en el momento adecuado es extensa: Blockbuster, Blackberry y Kodak son algunos de los muchos ejemplos. La complacencia puede detectase en frases como «Ya estoy bien como estoy» o «Nuestro enfoque actual ya funciona bien». La sensación interna vinculada a la complacencia transmite confort o una sensación de viajar en piloto automático. La mentalidad complaciente es peligrosa porque suele cerrar las puertas a la idea de que puede existir un camino mejor. Según nuestra experiencia, la comodidad puede ser uno de los mayores obstáculos para progresar porque nos aferramos al pensamiento de que «Ya estoy bien como estoy».

El tercer enemigo de la mentalidad de hacer lo más importante es esa emoción interna que etiquetamos como *cinismo* o *escepticismo*. El cinismo es una emoción muy natural y sirve como filtro o barrera defensiva. A esto nos referimos con filtro: ¿qué sería de tu vida si creyeras todo lo que ves y oyes a lo largo del día? ¡Un caos! El cinismo o escepticismo sirven como filtros para purgar el ruido y bloquear lo que no resulta útil. No obstante, puesto que el mundo está repleto de ruidos, muchos permitimos que esta emoción tan natural se convierta en la forma dominante de pensar. Cuando el escepticismo se vuelve dominante, puede convertirse rápidamente en uno de los enemigos de la mentalidad de hacer lo que más importa.

Te estamos invitando a reconocer a tu yo interno cínico o escéptico y apartarlo durante unas pocas horas mientras lees este libro. En otras palabras, abre la mente a poner a prueba el poder de estos hábitos en tu vida. En el espíritu de *lo bueno, lo mejor y lo excelente*, comprueba el impacto que estos hábitos pueden ejercer en tu productividad y rendimiento.

El último enemigo de la mentalidad de hacer lo que más importa es la *procrastinación*. Se trata de uno de los grandes enemigos del éxito. Es insidiosa y puede infiltrarse en cualquier persona o cultura. Todos la hemos sufrido en cierto grado y puede reconocerse por la frase «Ya lo haré más tarde».

En cuanto a la procrastinación, el teórico organizacional y autor Robert Anthony pronunció unas sabias palabras: «Esperar es una trampa. Siempre hay razones para esperar, pero la realidad es que solo existen dos cosas en la vida: las razones y los resultados. ¡Y las razones no cuentan!».

Es esencial que te mantengas alerta sobre cómo la saturación de tareas, la complacencia, la procrastinación y el cinismo aparecen en tu vida personal y en tu equipo. La mentalidad de hacer lo que más importa te recuerda constantemente que debes mantener la guardia para evitar estos problemas y, en su lugar, agendar tus prioridades en vez de priorizar tu agenda. Las habilidades de una visión personal, roles y objetivos y la planificación previa de la semana sirven para combatir a los enemigos de esta mentalidad.

Henry Mintzberg, profesor de administración de empresas y autor, escribió un artículo clásico titulado «The Manager's Job» [El trabajo del gestor] en el volumen de agosto de 1975 de la *Harvard Business Review*.[1] En él, recogió la mentalidad exacta que estamos describiendo al redactar: «El gestor se enfrenta al desafío el tomar el mando de su propio tiempo al convertir las obligaciones en ventajas y al transformar esas cosas que desea hacer en sus obligaciones. El tiempo libro se crea, no se encuentra. Conformarse con esperar encontrar tiempo libre para la contemplación o planificación general equivale a esperar que las presiones del trabajo se desvanezcan».

Es fácil culpar a nuestra apretada agenda o a las exigencias que compiten por nuestro tiempo de nuestra falta de enfoque o productividad. No obstante, si adoptamos esta mentalidad, mostramos disposición para observar cómo se hicieron las cosas en el pasado y considerar que quizá hay formas mejores. En cuanto nos apropiamos de la determinación por dar con un método mejor, estas habilidades se convierten en impagables.

Salir de la zona de confort

Otra manera de pensar acerca de esta mentalidad y su impacto en el rendimiento y la productividad se basa en considerar la analogía de una cinta elástica. La cinta elástica no está diseñada para guardarse en el cajón, pues perderá su flexibilidad y se volverá frágil. ¡Está hecha para estirarla!

De forma similar, como humanos, nuestra naturaleza debe crecer y estirarse. A veces, esto implica salir de la zona de confort, pero cuando ponemos el pie fuera podemos experimentar un enorme crecimiento. Para comenzar el estiramiento, pregúntate con sinceridad lo que puedes hacer para pasar de lo bueno (tu situación actual) a lo mejor mientras procuras continuamente hacer lo que más importa en la búsqueda de lo excelente.

La mentalidad y las habilidades de hacer lo que más importa están estrechamente vinculadas. Independientemente de si trabajas en la primera línea de la empresa o eres el CEO, aplicar estas poderosas habilidades expandirá tu mentalidad para ayudarte a ser un mejor influenciador y líder. La realidad es que cada uno escoge vivir la vida por diseño o por defecto. Desde una perspectiva organizacional, la cultura del equipo es la suma de cada uno de sus integrantes. Entonces, si lideras a un equipo del tamaño que sea, la verdad es que la cultura empieza contigo; eso es el liderazgo. Si adoptas esta mentalidad de liderazgo, es probable que los demás te sigan.

Parte de desarrollar la mentalidad correcta, individualmente y como equipo, se basa en establecer unas expectativas claras. Vince Lombardi, exentrenador de los Green Bay Packers, vivió según esta mentalidad de hacer lo que más importa. Definió las mismas expectativas para su equipo que nosotros te invitamos a adoptar para ti y tu equipo. Se dice que Lombardi una vez dijo a sus jugadores:

Perseguiremos la perfección sin descanso a sabiendas de que jamás la alcanzaremos, porque nada es perfecto. Pero la procuraremos sin tregua porque, en el proceso, hallaremos la excelencia. No me interesa lo más mínimo que nos conformemos con ser buenos.

Vince Lombardi ganó muchos campeonatos porque insufló esta mentalidad en sus jugadores. Aunque el objetivo es la perfección, sabemos que jamás la conseguiremos. Pero, como Vince Lombardi, confiamos en que tú y los miembros de tu equipo lograr*án* la «excelencia» en el proceso. Quienes se acerquen a este libro con la mentalidad correcta —la determinación y la disciplina— comprobarán que estos hábitos sirven para mover rocas en lugar de piedrecitas.

Veamos un ejemplo de lo que sucede cuando un equipo adopta la mentalidad correcta y posee la determinación para estirarse (en otras palabras, están dispuestos a dejar de lado el cinismo y desarrollar las habilidades).

Una próspera compañía energética de California había estado trabajando en estos principios y hábitos durante años. Un día, el equipo de ventas dedicó la jornada a una formación interna centrada en los tres grandes. La media de este equipo se hallaba en 17 ventas diarias antes de la formación, lo cual les otorgaba una calificación «buena». Al final del taller, el formador invitó al equipo a marcarse una nueva meta y lograr 34 ventas al día. El nuevo objetivo suponía un salto importante que requeriría una mentalidad y unas habilidades nuevas para agendar las prioridades y dedicar tiempo a las actividades de alta influencia, a las cuales nos referimos como actividades Q2, como veremos más adelante en el libro.

Probablemente puedes adivinar la reacción inicial del equipo ante el nuevo objetivo. «Solo alcanzamos las 34 ventas una vez en el pasado»; «No lo veo claro; es un salto gigante», espetaban. En sus respuestas, puedes ver cuán real era el escéptico que habitaba cada una de esas personas (esas son las respuestas iniciales más habituales en todos nosotros). A pesar de las primeras dudas y escepticismo, los miembros del equipo aceptaron el reto y establecieron esas 34 ventas como el nuevo objetivo para el mes entrante. Al día siguiente, tras equiparse con la nueva mentalidad y aplicar las nuevas habilidades, lograron un récord. La gestora de ventas se entusiasmó al explicar con orgullo al formador: «No te lo vas a creer, pero ¡hoy mismo rompimos nuestro antiguo récord y conseguimos 41 ventas!».

Un mes más tarde, esta misma gestora le escribió un correo electrónico para comunicarle: «Está siendo increíble. Adivina cuántas ventas diarias logramos de media este mes. ¡Treinta y cuatro!». El equipo logró el objetivo exacto que se habían propuesto el mes anterior. Esta historia se repite una y otra vez cuando las personas y los equipos adoptan la mentalidad correcta y aplican las mismas habilidades que obtendrás en este libro.

¿Crees que este equipo sería capaz de volver a esas 17 ventas diarias y sentirse satisfechos? En absoluto. Alzaron el umbral: una vez que se establece ese límite mental (mentalidad), el estándar se renueva por completo. Este equipo encontró la excelencia en el camino a la perfección, y eso les supuso un rendimiento de 2,4 millones de dólares adicionales para la empresa. Y, lo que es más importante, significó un aumento de la remuneración para cada uno de los representantes de ventas, con el consecuente aumento de la satisfacción laboral.

El mismo tipo de reajuste mental puede suceder a diario en cada uno de nosotros, ya sea en los resultados profesionales, en la salud, en las relaciones, en las finanzas o en el bienestar personal. Cuando elevas el estándar, ¡es difícil volver a bajarlo y sentirse satisfecho!

Las habilidades de hacer lo que más importa

La *combinación* de los *tres grandes* —una visión personal, roles y objetivos y la planificación previa de la semana— conforma las habilidades que te ayudarán a tomar el control de tu agenda y vivir la vida por diseño. En el proceso de desarrollar estas habilidades, lograrás retroceder y contemplar tu vida desde una perspectiva de 10 000 metros (visión) para, acto seguido, centrarte en los detalles y aplicarlos a tus acciones semanales y diarias (planificación previa de la semana); ese es el momento de la verdad.

Como ya indicamos en el prefacio, investigamos a 1 260 gestores y ejecutivos de más de 108 organizaciones distintas. El 68 % de ellos consideraban que el primer desafío era saber cómo priorizar el tiempo. A la vez, el 80 % carecían de un proceso para planificar o no podían centrarse en lo más importante. Además, solo el 2 % disponía de una visión personal escrita, y menos del 10 % contaba con objetivos personales y profesionales escritos para el año.

En cuanto al rendimiento y la productividad, la mayoría de organizaciones y líderes están sedientes de algo que los ayude a priorizar el tiempo, hacer lo que más importa y resolver el problema de la saturación de tareas. De hecho, el 84 % de las personas a las que encuestamos creían que, de disponer de un proceso para priorizar el tiempo, experimentarían un gran impacto en su productividad.

Puesto que el 68 % de las personas consideran que priorizar el tiempo es el mayor desafío y, sin embargo, el 80 % carecen de solución, se trata de un área que requiere mejoras organizacionales en cuanto al rendimiento y la productividad. Confiamos en que los tres grandes cierren esa brecha, y es por eso que prometemos que estas habilidades aumentarán el rendimiento y la productividad entre un 30 y un 50 %.

Og Mandino, en su clásico libro *El vendedor más grande del mundo*, afirmó sabiamente que «la única diferencia entre aquellos que han fracasado y aquellos que han tenido éxito reside en la diferencia de sus hábitos. Los buenos hábitos son la clave de todo éxito. Los malos hábitos son la puerta abierta al fracaso. De manera entonces que la primera ley que obedeceré, y que precede a todas las otras es la siguiente: me formaré buenos hábitos»[2].

La visión, los roles y objetivos y la planificación previa de la semana son las habilidades y los hábitos que predicen un éxito sólido. No obstante, como todas las cosas, requieren disciplina y esfuerzo, que constituyen la mentalidad de la ecuación.

Existe un término que nos gusta utilizar conocido como *promedio de rendimiento*. Nuestro promedio de rendimiento es el nivel actual de productividad en los distintos roles de nuestras vidas. Independientemente de tu punto de partida actual, cuando implementes estos tres hábitos de alto rendimiento (las habilidades), ejercerán un impacto tremendo en tu mentalidad y todo parecerá mejorar. Como ocurrió en el equipo de ventas que aumentó su productividad de 17 a 34 ventas, tu promedio de rendimiento incrementará en prácticamente todas las áreas de tu vida.

¿Cuál es el impacto que experimentan las personas cuando su promedio de rendimiento aumenta? Les brinda una mentalidad transformada sobre lo que son capaces de conseguir tanto a nivel personal como de liderazgo. En otras palabras, cuando incrementes tu promedio de rendimiento, reiniciarás el estándar y te será difícil volver atrás alegremente. Al aplicar estas habilidades mejorarás tu mentalidad, y esa es la razón por la que la mentalidad y las habilidades están tan estrechamente relacionadas.

¿Qué debemos esperar ver en un promedio de rendimiento aumentado al desarrollar los hábitos de los tres grandes?

- Una vida con propósito
- Mejoras en el rendimiento y la productividad
- Mejoras significativas en los resultados laborales
- Mejoras en la salud, el equilibrio y la paz mental
- Mejoras en las relaciones
- Mejoras en las finanzas y más dinero
- Una conexión con tu auténtico yo
- Mejoras en las actitudes y sensación de plenitud
- Mejores habilidades de liderazgo y para trabajar en equipo

Resumen

El hecho de que estés leyendo este libro ya demuestra que posees una mentalidad dispuesta. Tu determinación por poner a prueba el poder de la visión personal, los roles y objetivos y la planificación previa de la semana abrirá las puertas a un crecimiento que no sabías que existía. Como le ocurrió al equipo de ventas que aumentó sus resultados de 17 a 34, será interesante ver qué es posible para ti, tanto a nivel personal como profesional.

Este tipo de pensamiento es el espíritu de *lo bueno, lo mejor y lo excelente*, y de la mentalidad de alto rendimiento. Al combinar la mentalidad de alto rendimiento y estas habilidades, recibirás empoderamiento para vencer la saturación de tareas, la complacencia, el cinismo y la procrastinación.

Antes de adentrarnos en las habilidades de los tres grandes en los capítulos siguientes, queremos centrarnos en definir la diferencia entre el rendimiento y la productividad y determinar por qué es significativo el enfoque de hacer lo que más importa.

PREGUNTAS DE REFLEXIÓN PARA ESTE CAPÍTULO:

1. ¿Qué áreas de tu vida personal y profesional te gustaría mejorar? ¿Cuál es tu mentalidad actual en cuanto a dichas áreas?

2. Como miembro de un equipo o líder, ¿cuáles son las ideas iniciales que te vienen a la mente sobre cómo mejorar tus aportaciones o ser un líder más eficaz?

3. ¿Qué te gustaría hacer que te sacaría de tu zona de confort? ¿Qué te ha impedido hacerlo?

2

Por qué es importante hacer lo que más importa

Antes hemos dicho que los tres grandes hábitos aumentarían el rendimiento y la productividad entre un 30 y un 50 %. La gente se emociona con esa premisa debido al impacto que ejercerá en la rentabilidad y el crecimiento de sus empresas. No obstante, en un ambiente corporativo, los términos *rendimiento y productividad* suelen usarse indistintamente como si significaran lo mismo. La realidad es que su contenido semántico es muy diferente, y ambos son importantes a la hora de hacer lo que más importa. Es esencial entender las diferencias entre ellos antes de sumergirnos en los tres grandes hábitos.

Si te sientas en una mesa con más personas y les preguntas cómo definen *rendimiento y productividad* oirás numerosas descripciones. Puesto que existen tantas definiciones distintas, consideramos que es importante clarificar qué significan en el contexto profesional y de este libro.

La razón por la que queremos aclarar lo que significa cada palabra es que la gente a menudo detecta un aumento importante en los resultados cuando se centran tanto en la una como en la otra. Focalizarse en ambas ayuda a la persona o al equipo a hacer lo más importante, y eso es precisamente lo que consiguen los tres grandes. Con frecuencia pensamos que el rendimiento y la productividad son simplemente aspectos laborales, pero en realidad afectan todas las áreas de nuestra vida, como la salud, las relaciones y el bienestar personal.

Fijémonos en cómo se diferencian estos conceptos que, a la vez, están profundamente interconectados.

*La **productividad** suele medirse en términos
de la tasa de salida por unidad de entrada.*[3]

En un ejemplo hipotético de ventas, imagina que el profesional A trabaja ocho horas diarias, ejecuta 20 llamadas y cierra un acuerdo al día. Se trata de una tasa de acuerdos de 1:20. En este caso, la productividad se mide por el número de llamadas realizadas: 20 llamadas al día.

*El **rendimiento** es la habilidad
de realizar algo con eficiencia y eficacia.*[4]

Con la misma analogía de ventas, imagina que la persona B trabaja el mismo número de horas, solo realiza 10 llamadas y cierra un acuerdo cada día. En este caso, el rendimiento se mide por la tasa de acuerdos: 1:10 (tabla de referencia 1).

Tabla 1. Números de ventas actuales

	Vendedor A	Vendedor B
Número de llamadas diarias (productividad)	20	10
Tasa de acuerdos (rendimiento)	1:20	1:10
Ventas totales diarias	1	1

El vendedor A *produce* (número de llamadas) a un nivel superior al del vendedor B porque realiza más llamadas al día. El vendedor B *rinde* (tasa de acuerdos) a un nivel superior que el vendedor A porque su tasa es mayor.

Si eres el líder de ambos profesionales, tal vez te sientas tentado a ver solo las ventas totales diarias y creer que producen lo mismo: una venta al día. Pero no sería una valoración correcta, ya que el modo en que lo consiguen es muy distinto. Como líder, si tu responsabilidad es aumentar las ventas del equipo, querrás que el vendedor A aumente su rendimiento (mejore su tasa de acuerdos) y que el vendedor B aumente su productividad (realice más llamadas). Solo entonces empezarás a cosechar resultados significativos con un enfoque tanto en el rendimiento como en la productividad.

Como líder de estas dos personas, ¿qué impacto lograrás si consigues que el vendedor A aumente su *rendimiento* mejorando su tasa de acuerdos de 1:20 a 1:10? En este ejemplo, sus ventas aumentarían en un 100 %.

El vendedor B ya consigue una tasa de 1:10 con solo 10 llamadas diarias. Imaginemos que lo ayudas a aumentar su productividad a 20 llamadas diarias. En este ejemplo, el vendedor B también experimentaría un aumento del 100 % en las ventas si su rendimiento se mantiene igual (una tasa de acuerdos de 1:10). Las tablas de referencia 2 y 3 ofrecen una imagen del antes y el después.

Tabla 2. Resultados de ventas anteriores

ANTES

	Vendedor A	Vendedor B
Número de llamadas diarias (productividad)	20	10
Tasa de acuerdos (rendimiento)	1:20	1:10
Ventas totales diarias	1	1

Tabla 3. Resultados de ventas posteriores

DESPUÉS

	Vendedor A	Vendedor B
Número de ventas diarias (productividad)	20	20
Tasa de acuerdos (rendimiento)	1:10	1:10
Ventas totales diarias	2	2
Porcentaje de aumento en ventas	100%	100%

En este ejemplo hipotético, *solo* nos hemos centrado en el rendimiento (tasa de acuerdos) de la persona A y la productividad (número de llamadas) de la persona B para ilustrar la diferencia entre estos dos conceptos. Para obtener un aumento del 100 % en las ventas generales del equipo necesitaremos un enfoque distinto para cada representante de ventas. Si se trata de un equipo de ventas real, evidentemente querríamos que *todos* los empleados se centraran *tanto* en el rendimiento *como* en la productividad (como en el equipo de ventas del capítulo anterior, que creció de 17 a 34 ventas).

Aunque empleamos un ejemplo de ventas a modo de ilustración, podemos aplicar el mismo enfoque a la logística, la programación, los recursos humanos, la salud y muchos otros sectores. No importa en qué industria trabajes ni tu cargo; este tipo de transformación no es una ilusión: consiste en el desarrollo de una mentalidad y unas habilidades que impactan directamente en el rendimiento y en la productividad.

Veamos otra analogía en cuanto al rendimiento y la productividad. Imagina a dos arqueros con una diana a 6 metros de distancia. Ambos compiten en un torneo y disponen de tres flechas para dar en el blanco. Cuanto más se alejen las flechas del centro de la diana, menos puntos conseguirán. Imagina que el primer arquero dispara las tres flechas y las clava en la diana, pero no en el centro (figura de referencia 1).

Aunque conseguirá puntos, no habrá dado en el blanco. En otras palabras, disparó tres flechas (productividad), pero no acertó el objetivo (rendimiento). La productividad fue alta, pero el rendimiento no.

Ahora imagina que el segundo arquero inhala profundamente, comprueba la muesca del arco y dispara una sola flecha que da en el blanco (figura de referencia 2), pero decide prescindir de los dos disparos restantes.

En este caso, alcanzó el objetivo con precisión (dio en el blanco), pero su puntuación se vio limitada porque disparó una flecha en lugar de tres. ¿No sería ideal que el segundo arquero disparara esas dos flechas, como su contrincante, y diera en el blanco? En otras palabras, este arquero rindió a alto nivel, pero perdió puntos adicionales por no disparar más flechas (productividad). El rendimiento fue alto, pero la productividad no.

Figura 1. Productividad

Fuente: Becoming Your Best Global Leadership

Figura 2. Rendimiento

Fuente: Becoming Your Best Global Leadership

En un escenario ideal, un arquero generaría un rendimiento y productividad igual de altos: cuatro flechas (o más) en el blanco (véase la figura 3).

Figura 3. Rendimiento y productividad

Fuente: Becoming Your Best Global Leadership

En este caso, el arquero de alto rendimiento da en el blanco (rendimiento) y repite la jugada múltiples veces (productividad); tanto la productividad como el rendimiento son altos. Este tipo de resultados son a lo que cualquier organización o equipo debería aspirar: *alto rendimiento y alta productividad*.

¡Este enfoque en la visión, los objetivos y la planificación previa de la semana es la razón por la que es importante hacer lo que más importa! Con un enfoque en los tres grandes, tanto el rendimiento como la productividad aumentan y los resultados pueden dispararse, tal como sucedió en los ejemplos hipotéticos de las ventas y los arqueros.

Antes de avanzar, veamos un ejemplo de fuera del entorno laboral para ilustrar el mismo concepto. Imaginemos a una persona llamada Adam. Como muchos, Adam ha estado ocupadísimo con la carrera, la familia y todo lo demás, por lo que su enfoque en su propia salud y el ejercicio físico no ha sido el que debería. Pero ha tomado una decisión: este es el año.

En enero, Adam asume el propósito de correr medio maratón el 1 de septiembre. Si quiere cosechar el éxito, necesita centrarse proactivamente tanto en el rendimiento como en la productividad. Tanto la cantidad como la calidad del ejercicio marcarán la diferencia. Por ejemplo, no le bastará con ejercitarse una vez por semana, por mucho que se esmere. Del mismo modo, si practica deporte varias veces por semana, pero el entrenamiento es de baja calidad, tampoco le servirá para el maratón. Necesita combinar sesiones de ejercicio de alta calidad (rendimiento) con suficientes repeticiones (productividad) para lograr su objetivo.

Como puedes ver, este enfoque en el rendimiento y la productividad se aplica tanto a los objetivos profesionales como a los personales. Como en el ejemplo del vendedor, Adam no estará mágicamente listo para el medio maratón sin el enfoque y la preparación adecuados. Probablemente peleará las mismas batallas que muchos durante la preparación (procrastinación, persecución de un tesoro inalcanzable o sobreocupación). En su caso, su visión, objetivos y planificación previa de la semana le ayudarán a reservar tiempo para entrenar y prepararse. Para ti, tal vez no se trate de un medio maratón, sino de mejorar la salud, el bienestar mental y emocional, el rendimiento laboral o las relaciones.

Hemos observado que los mejores líderes quieren que su equipo se centre en las actividades de alto impacto y el rendimiento tanto como sea posible. En otras palabras, queremos que los miembros de nuestro equipo se centren en lo que más importa y realicen esas actividades a un alto nivel de resultados. No importa si el equipo trabaja en la fabricación, las ventas, el *marketing*, los recursos humanos u otra función; el proceso es el mismo. Por ejemplo, si tu empleado es un técnico que ofrece servicios a domicilio, quieres que atienda a la mayor cantidad posible de clientes y preste unos servicios tan excelentes como sea posible (productividad y rendimiento). ¿No es eso mucho que mejor que contratar a un técnico que debe regresar al 20 % de los hogares porque no resolvió los problemas adecuados en la primera visita?

Todo lo que hemos mencionado parece obvio, pero es increíble en cuántas organizaciones esta área se presta a la mejora. Piensa en tus compañeros y el personal de tu organización: ¿cómo valoras su rendimiento y productividad?

Centrarse en ambas cosas representa un punto de partida ideal para los líderes que quieren presenciar un impacto tangible tanto en los departamentos superiores como en los inferiores.

La manera más rápida, a la par que poderosa, de conseguir que la gente se centre en un alto rendimiento y productividad es ayudarla a desarrollar los tres grandes para que pasen a formar parte del 1 % de la población que ha desarrollado esta combinación de habilidades.

La investigación sobre el rendimiento y la productividad

La idea de hacer lo que más importa está directamente vinculada al rendimiento y la productividad. Cuando un líder se centra en ello de forma correcta, puede generar un impacto significativo en los resultados, la moral, la facturación, la actitud y el bienestar de los miembros de su equipo.

Muchos líderes reconocen que la gestión del tiempo, el rendimiento y la productividad son áreas a las que vale la pena prestar atención y mejorar. No obstante, muchos se hacen la pregunta: «¿Cómo aumento los resultados con eficacia?». Entendemos que el tiempo es oro, y no quieres desperdiciar tus recursos en algo que no funciona o solo produce ventajas limitadas. El objetivo de recabar los datos de nuestra investigación era identificar qué puede ejercer un impacto tanto en el rendimiento como en la productividad.

Cuando iniciamos este estudio, las estadísticas sobre el rendimiento y la productividad nos abrieron los ojos. Echa un vistazo a algunas de las siguientes estadísticas y reflexiona sobre cómo se relacionan contigo y tu organización:

- El 34 % de los empleados de EE. UU. se involucran activamente (como nota al margen, reparamos en que otros factores influyen en esta estadística, pero sigue siendo un punto importante en cuanto al rendimiento y la productividad).[5]

- En una muestra de 4 300 empleados, el 74 % sentía que no alcanzaba su máximo potencial laboral debido a la falta de oportunidades de desarrollo.[6]

- El 12 % de los empleados han pedido bajas laborales a causa del estrés en el trabajo.[7]

- El 53 % de los empleados invierten el esfuerzo mínimo necesario y rápidamente se marchan cuando reciben una oferta mejor.[8]

- Cuando una interrupción te distrae de una tarea, tardas de media 23 minutos en retomarla.[9]

- El profesional medio envía y recibe 122 correos electrónicos cada día.[10]

- Cuando uno o dos integrantes del equipo cometen algún pequeño error (incumplimiento de una fecha límite, tareas olvidadas, etc.), la productividad del equipo se reduce en un 24 %.[11]

- Menos del 10 % de los empleados se sienten competentes para establecer objetivos claros y desarrollar un plan.[12]

- Tan solo el 2 % de los ejecutivos, gestores y empleados cuenta con una visión personal escrita.

- El 68 % de las personas sienten que su desafío principal es priorizar el tiempo.

- El 80 % de las personas carecen de un proceso para priorizar el tiempo y hacer lo que más importa.

- El 84 % de las personas sienten que serían mucho más productivas si dispusieran de un proceso que las ayudara a priorizar el tiempo.

- Más del 74 % de los empleados sienten que no dedican suficiente tiempo a su salud física, mental y emocional.[13]

- La productividad media de los empleados se encuentra entre el 45 y el 50 %.[14]

Por supuesto, todos estos números no son más que una muestra de la reveladora investigación sobre el rendimiento y la productividad.

También descubrimos que las causas principales para la pérdida de productividad incluyen la procrastinación, las distracciones, reuniones sin importancia, falta de dirección, falta de iniciativa, sensación de saturación y el tiempo perdido en medios electrónicos. La combinación de dos de estos

factores o de todos ellos puede producir un impacto general en la productividad y los resultados. En nuestra experiencia, al centrarse en el rendimiento
y la productividad, se presenta a los líderes una de las oportunidades más
significativas para presenciar un aumento real en los resultados.

La matriz «Haz lo que más importa»

En el capítulo 1, comentamos que el éxito requiere tanto una mentalidad
como unas habilidades. Los líderes deben creer que cualquiera puede cambiar
o mejorar si dispone de la mentalidad y las habilidades correctas.

Tomemos la historia de Jill a modo de ejemplo. Formaba parte de una
organización con unos 500 empleados. Llevaba en la compañía casi una
década, y en sus evaluaciones más recientes de rendimiento podías comprobar que hasta hacía relativamente poco se la consideraba una integrante bastante mediocre del equipo. Era moderadamente productiva, pero ni mucho
menos una empleada de alto rendimiento. Acababa completando sus tareas,
pero su trabajo a menudo contenía bastantes errores que requerían correc-
ción. Su trabajo estaba, a lo sumo, en la media.

Sin embargo, hace dos años Jill aprendió sobre los tres grandes. Desarrolló su visión personal, identificó sus roles y objetivos del año y se comprometió a realizar una planificación previa de la semana de forma regular. Con
este cambio de mentalidad y un nuevo conjunto de habilidades, escaló hasta
el 10 % superior de su organización.

Tres meses después de empezar a aplicar estas habilidades, su supervisor
directo nos escribió un correo electrónico. Estaba impresionado por la transformación de Jill. Nos contó que se había transformado en una integrante del
equipo totalmente nueva. Había pasado de ser una trabajadora promedio a
ser una de las mejores del equipo en toda la división. Como resultado de su
visión, objetivos y planificación previa de la semana, estas son algunas de las
transformaciones clave que Jill experimentó:

- Entrenaba 40 minutos durante la pausa de la comida.

- Dedicaba los 15-20 minutos restantes a leer o escuchar libros que la
  ayudaran a mejorar su vida y trabajo.

- Empezó a meditar varias horas a la semana para reducir la ansiedad.
- Su productividad en la oficina subió más de un 50 % en tareas completadas gracias a la planificación previa de la semana.
- Se convirtió en una persona resolutiva que aportaba al equipo.
- Explicó a su supervisor que en casa aprovechaba el tiempo para implicarse en actividades importantes con su marido e hijos.
- Perdió 18 kilos en tan solo 90 días (lo cual era muy importante para ella).

Contamos con cientos de historias como las de Jill gracias a la aplicación de estos simples y poderosos hábitos. Este tipo de incremento en el rendimiento y la productividad rara vez ocurre por casualidad. Gracias a la planificación intencional y el enfoque de Jill, su rendimiento medio aumentó y todas las áreas de su vida mejoraron.

Al igual que Jill, la visión, objetivos y el hábito de la planificación previa de la semana pueden ayudarte a conseguir tiempo para centrarte en lo que más importa en *tu* vida.

● ● ● ●

Utilizamos una matriz para situar el enfoque en el tipo correcto de actividades. Se trata de un gran punto de partida para identificar dónde se encuentra la persona o el equipo en comparación con dónde deberían estar idealmente (como Jill). Esta matriz se conocía originalmente como la matriz de Eisenhower.

La matriz de Eisenhower recibió el nombre de su creador, Dwight D. Eisenhower, 34.º presidente de Estados Unidos y uno de los únicos nueve oficiales del ejército de Estados Unidos que consiguió convertirse en general de cinco estrellas. Sirvió como comandante supremo aliado para coordinar la invasión conocida como el día D hacia el final de la Segunda Guerra Mundial. La historia y la investigación empresarial moderna han demostrado que este método de optimización del rendimiento y la productividad fue excepcional. A lo largo de los años, muchas personas han empleado su matriz aplicándole ciertos cambios, pero la esencia es la misma, y Eisenhower se merece todo el crédito. Nos hemos permitido la libertad de implementarle ciertos ajustes y bautizarla como la matriz «Haz lo que más importa».

Echemos un vistazo de cerca a dicha matriz en la figura 4 y veamos cómo puede ayudarte a ti y a tu equipo a centrarse en lo que más importa. Aunque describimos todos los cuadrantes, fíjate en si puedes identificar dónde dedican más tiempo tanto tú como tu equipo.

Figura 4. La matriz «Haz lo que más importa»

	URGENTE	NO URGENTE
IMPORTANTE	**Q1** **¡HAZLO!** Alto estrés, alta prioridad **EJEMPLOS** Crisis, reuniones de urgencia, preocupaciones del cliente, problemas apremiantes, fechas límite, incendios, emergencias	**Q2** **CÉNTRATE** Bajo estrés, alta prioridad **EJEMPLOS** Roles y objetivos, planificación previa de la semana, reuniones de seguimiento semanal, construcción de relaciones, ejercicios, planificación estratégica, desarrollo personal o del equipo
NO IMPORTANTE	**Q3** **GESTIONA** Urgente, no importante **EJEMPLOS** Algún correo electrónico o carta, reuniones o informes no necesarios, interrupciones, llamadas o visitas imprevistas	**Q4** **ELIMINA** No urgente, no importante **EJEMPLOS** Ver la tele, navegar por Internet, tiempo perdido, actividades sin sentido

Fuente: Becoming Your Best Global Leadership

A continuación, encontrarás una descripción de cada cuadrante.

Q1—¡HAZLO! Este es el cuadrante de alto estrés y alta prioridad. Estas actividades requieren tu tiempo porque por lo general son urgentes *e* importantes. Este cuadrante es reactivo por naturaleza y describe a la persona o el equipo que a menudo apaga incendios. Ocasionalmente, todos nos encontramos en el Q1, pero debería ser la excepción, no la regla. Si un individuo o equipo vive en este cuadrante, es probable que el resultado sean pérdidas, estrés, ira y frustración.

Algunas personas prosperan gracias a la adrenalina del Q1. No obstante, es difícil mantener un rendimiento y productividad altos durante largos periodos de tiempo, ya que el Q1 viene acompañado de agotamiento. Los líderes necesitan vigilar con extrema cautela para minimizar su tiempo en el Q1, *especialmente* cuando colocan a otras personas de su equipo en el Q1 debido a su propia falta de planificación. Por ejemplo, un gerente que siempre delega las tareas de alta prioridad en su equipo probablemente los situará inadvertidamente en el Q1, lo que ejercerá un enorme efecto en su rendimiento y productividad.

Q2—CÉNTRATE. Este es el cuadrante de bajo estrés y alta prioridad. Las actividades son importantes pero no urgentes. Este cuadrante es proactivo por naturaleza y es donde se encuentran la mayoría de personas de alto rendimiento. Este cuadrante requiere planificación de prioridades para centrarse en lo que más importa y minimizar la cantidad de tiempo invertido en el resto de cuadrantes. El enfoque intencional en las actividades del Q2 nos permitirá reservar tiempo para otras cosas como el ejercicio, la meditación, los proyectos futuros, las relaciones, el descanso, las vacaciones o la mejora de procesos en el trabajo, entre muchas otras. Si no te centras ni planificas con eficacia, muchas de las actividades que deberían hallarse en el Q2 pasarán al Q1. En otras palabras, sin el suficiente enfoque y planificación, surgirán crisis con proyectos que, *a priori*, no deberían haberlas generado. Todos hemos experimentado esa sensación que procede de la procrastinación. Por ejemplo, si procrastinamos y no preparamos nuestro Q2, la fecha límite de ese proyecto importante se acercará y nuestro estrés aumentará.

La gente que cuenta con una visión y objetivos y que desarrolla el hábito de la planificación previa de la semana se encontrará habitualmente en el Q2. Los tres grandes ayudan a concentrarse en lo que más importa y a gestionar correctamente el resto de cuadrantes sin perder el enfoque en el alto rendimiento y productividad.

Q3—GESTIONA. Este cuadrante es urgente pero no importante. Son actividades que requieren acción, pero no suelen contribuir a tus objetivos ni ejercen un alto impacto. La gente que vive en este cuadrante suele centrarse en tareas como enviar correos electrónicos y celebrar reuniones innecesarias, y matan el tiempo pidiendo, por ejemplo, informes innecesarios. La idea es gestionar esos correos, llamadas, mensajes de texto, informes y proyectos según el cuadrante al que pertenecen. Desplaza esas ocupaciones al cuadrante 1 o 2 según corresponda, descártalas, no leas el correo electrónico o automatiza la tarea. El buen gestor quiere entrar y salir del cuadrante 3 cuanto antes. ¡Determina qué es importante y qué no!

Q4—ELIMINA. Este cuadrante no es urgente ni importante. El Q4 incluye todas las actividades que malgastan nuestro tiempo, no contribuyen a nuestra visión y no nos resultan útiles en ningún sentido. Sin una planificación intencional, muchas actividades del día acaban comiéndose nuestro tiempo, y esa es una de las razones por las cuales nuestro rendimiento y productividad sufren.

Seguro que conoces a alguien que pasa la mayor parte de su tiempo en alguno de estos cuadrantes. ¿Dónde inviertes más tiempo tú? ¿Dónde crees que tus compañeros hacen lo propio? Quizá conoces a alguien que parece disfrutar con la emoción del incendio, hasta el punto de que arma el caos y prende incendios intencionalmente con la intención de aplacarlos. Son personas que continuamente reaccionan a los incendios del día y viven siempre en el Q1. Puede que conozcas a otra persona que simplemente va tirando, trabajando lo mínimo posible. Son personas que habitan en el Q3 o Q4, y suele ser frustrante tenerlas como compañeros.

Nuestra investigación indica que el equilibrio óptimo entre el alto rendimiento y la alta productividad para un equipo o persona consiste en dedicar entre el 20 y el 25 % del tiempo en las actividades del Q1, entre el 60 y el 70 %

en las del Q2, entre el 5 y el 15 % en gestionar las actividades del Q3 y menos del 5 % en las actividades del Q4. Estos números varían un poco en función del sector, pero se aplican a la mayoría.

La misma investigación muestra que las personas y las organizaciones que experimentan complicaciones y son menos productivas dedican entre el 40 y el 50 % del tiempo al Q1, entre el 15 y el 20 % al Q2, entre el 30 y el 40 % al Q3 y entre el 10 y el 15 % al Q4.

Hay dos profundas preguntas que vale la pena considerar: ¿cuál es el impacto en ti y en los demás de pasar tiempo en cada uno de estos cuadrantes? ¿Qué sensaciones experimentan en cada cuadrante? Las respuestas afectarán tanto a tu deseo de centrarte en un cuadrante como a los resultados que coseches de dicho enfoque. ¡El conocimiento y la emoción son grandes impulsores!

• • • •

Durante años, Jill flotó entre el Q3 y el Q4, por eso su supervisor la definía como una empleada mediocre. Cuando aplicó este nuevo conjunto de habilidades de los tres grandes, sus esfuerzos y actividades se desplazaron al Q2. El cambio en el enfoque de Jill transformó su vida y descubrió un mundo completamente nuevo. Su vida mejoró, su productividad y rendimiento también y se convirtió en una de las mejores empleadas de toda la división.

Este tipo de transformación —el enfoque Q2— ocurre porque la persona ve a través de las lentes de una visión personal inspiradora, roles y objetivos claros y una planificación previa de la semana. Estas habilidades otorgan a la persona un prisma claro para determinar qué es más importante o urgente.

Tuvimos noticias de Jill cerca de un año después de que comenzara a dedicarse a los tres grandes, y dijo con entusiasmo: «¡Este último año ha sido el mejor de mi vida!». ¿Por qué? Porque dedicó esfuerzos a determinar lo que más importaba para ella (Q2) y luego se centró en ello.

Puede que también recuerdes a Amy de la introducción. Fue su enfoque en los tres grandes lo que la ayudó a mudarse al Q2 y transformar su vida. Antes de esa transformación, sin darse cuenta perdía demasiado tiempo, más de un 50 % del día, en el Q1 y el Q3. Pero en lugar de quedarse a vivir en esos dos cuadrantes, aprendió a priorizar lo que más importa y a *llevar a cabo* las actividades del Q1. Justo un mes después de implementar estos nuevos hábitos, por fin pudo dedicar a su marido y a su hija, que requiere cuidados especiales, el tiempo que merecían. Su supervisor le dijo que nunca la había visto tan productiva y feliz. Amy lideraba su equipo con un vigor renovado y una actitud significativamente mejorada. Y lo que es más importante: Amy también priorizaba su propio bienestar.

Mientras invertía la mitad de su tiempo en el Q1 y el Q3, reaccionaba continuamente a los incendios que se prendían cada día y perseguía objetivos sin sentido. Cada día era una improvisación. Al armarse con una nueva mentalidad y unas nuevas habilidades, pasó al Q2 y tomó el control de su vida al hacer lo más importante. Como resultado, su rendimiento y productividad aumentaron, su estrés se redujo, se convirtió en una mejor líder de su equipo, recobró energías y empezó a ver la vida con otros ojos. Cada semana seguían surgiendo urgencias en el Q1, pero Amy estaba ahora mucho más preparada para abordarlas, ya que gracias a su enfoque y planificación se convirtieron en la excepción en lugar de la regla.

Probablemente muchos de los lectores pueden identificarse con Jill o Amy en un sentido u otro. La mayoría de personas tienen buenas intenciones en el subconsciente y quieren hacer lo que más importa. Ya sea aumentar la productividad en el trabajo, trabar relaciones significativas, cuidar la salud o encontrar un propósito, la gente quiere mejorar estas áreas importantes de la vida. Para la mayoría, eso solo requiere aprender el proceso que los ayude a agendar sus prioridades en lugar de priorizar su agenda. Se trata de desarrollar la habilidad para superar las notas adhesivas y las listas de quehaceres para encontrar paz y confianza para *hacer lo que más importa* (Q2).

Prioridades del Q2

Queremos compartir una analogía final para ilustrar cuán importante es pensar en términos de lo que más importa y el Q2 (y ocasionalmente el Q1).

Imagina un aula llena de estudiantes con dos grandes peceras de cristal vacías en la parte delantera. El profesor está de pie, de cara a los alumnos, detrás de los dos acuarios. De pronto, vierte una caja llena de pelotas de pimpón en el primero hasta que llegan al borde del recipiente.

El profesor pregunta a los estudiantes: «¿Creen que la pecera está llena?». «¡Sí!», responden ellos.

Entonces, sin musitar palabra, el profesor saca una caja llena de piedrecitas y las echa en la pecera. Las rocas encuentras las rendijas entre las pelotas y se introducen en el recipiente hasta llegar al borde. De nuevo, el profesor pregunta: «¿Y ahora? ¿Está llena?». Esta vez con algo de dudas, los alumnos vuelven a contestar que sí.

Una vez más, sin abrir la boca, el profesor saca otra caja llena de arena y también la vuelca en la pecera. Como las piedras, la arena se filtra por las pequeñas aberturas hasta alcanzar el límite. Por tercera vez, el profesor pregunta si la pecera está llena. Esta vez los alumnos, menos seguros, responden: «¿Tal vez?».

Por último, el profesor saca una gran jarra de agua y la vierte en la misma pecera. El líquido llena los últimos agujeros que quedaban y acaba por llenar el acuario. Con una sonrisa en la cara, el profesor pregunta: «¿Está ya llena la pecera?». Ahora los estudiantes parecen más seguros y exclaman: «¡Sí!». Esta vez han acertado (figura de referencia 5).

Figura 5. La pecera llena

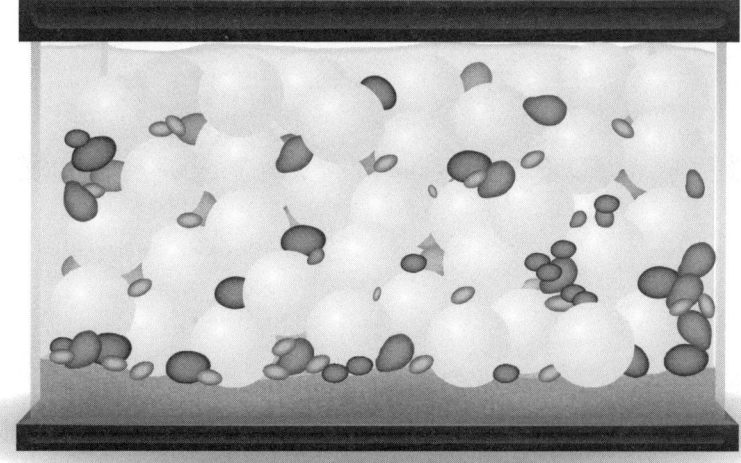

Fuente: Becoming Your Best Global Leadership

Entonces, el profesor pasa al siguiente acuario y vierte en él un gran recipiente de agua hasta que rebosa. «¿Está llena la pecera?», pregunta de nuevo. Los estudiantes, perplejos, no saben qué responder, y escucha como algunos replican que sí y otros que no.

A continuación, el maestro agarra la misma cantidad de pelotas de pimpón que antes e intenta introducirlas en la pecera llena de agua. Como era de esperar, las pelotas flotan y se caen del acuario. Evidentemente, en una pecera llena de agua no caben pelotas de pimpón (figura de referencia 6).

Figura 6. La pecera llena de agua

Fuente: Becoming Your Best Global Leadership

El propósito de la ilustración es ejemplificar lo que ocurre en nuestras vidas cuando permitimos que las pequeñeces se acumulen y no dejen espacio para las cosas grandes. En otras palabras, qué sucede cuando dejamos que las cosas que menos importan se coman el espacio de las que más importan. Cuando las pelotas de pimpón se introdujeron en primer lugar en la pecera, dejaron espacio de sobras para los objetos pequeños (piedras, arena y agua). No obstante, cuando el acuario se llenó de agua, ya no cabían las pelotas. ¿Cuántas veces sucede algo similar en tu vida o en la de tus compañeros de trabajo?

Esta analogía se aplica tanto a nuestra vida personal como profesional. Es la razón por la que los tres grandes son tan importantes. Mantienen a la persona centrada en lo más importante (las pelotas de pimpón) en lugar de en las menos trascendentales. Estos hábitos ayudan a las personas de todos los cuadrantes a mantenerse firmes en el área de alto rendimiento y alta productividad del cuadrante 2, incluso cuando estallan los incendios o surgen tareas urgentes que las obligan a regresar al cuadrante 1, ya que solo será un espacio temporal. Si tienes una visión y objetivos y entiendes el proceso de la planificación previa de la semana, te encontrarás en una posición más fuerte para hacer lo más importante y responder a las crisis o problemas inesperados que surjan en el Q1.

Tiempo y liderazgo

El tiempo es el recurso más valioso del que disponemos. Es el mayor igualador, porque no se puede comprar y todos contamos con el mismo. En la cultura actual, las palabras «Estoy muy ocupado» son demasiado habituales. En muchos casos, parecen ser una excusa para no centrarse en las prioridades. Como resultado, las cosas menos importantes (Q3 y Q4) consumen el tiempo de las que más deberían importar (Q1 y Q2). También es muy común que las personas o los equipos se atasquen en el Q1 y reaccionen constantemente a las crisis diarias sin conseguir ninguna ventaja. La implementación de estos tres grandes ayudará a la persona a desplazarse hasta el Q2 y colocar el foco en lo que más importa.

Como mencionamos antes, más del 80 % de los ejecutivos a los que encuestamos nunca habían aprendido ningún proceso para priorizar el tiempo y hacer lo más importante. Por ello, si tus compañeros y empleados no producen y rinden a alto nivel, en muchos casos no es su culpa. Si nunca han recibido la formación ni han aprendido las habilidades necesarias, ¿cómo vas a esperar que mejoren sus resultados? Solo somos capaces de rendir o producir según el nivel de nuestra mentalidad y habilidades. Si se espera que alguien mejore, debe haber un cambio de mentalidad o de habilidades. De lo contrario, se le está exigiendo que haga algo que nunca aprendió a hacer. En los ejemplos anteriores del vendedor A y el vendedor B, su aumento del rendimiento y la productividad solo se produjo como resultado de un nuevo conjunto de habilidades y una nueva mentalidad.

Para ilustrarlo, trabajamos con un entrenador de fútbol americano de 1.ª división que nos confesó: «Muchos de mis jugadores rebosan de talento, pero su actitud es mala. Se quejan constantemente y se centran en lo negativo. Son como un cáncer para el equipo. ¿Qué debería hacer con ellos?». Como respuesta, le preguntamos: «¿Has hecho todo lo posible como líder para brindar a esos jugadores la formación adecuada? En otras palabras, pregúntate si les has ofrecido la formación para desarrollar la mentalidad y las habilidades correctas».

A continuación, proseguimos explicándole que si la respuesta era que sí, debía encontrar una posición distinta para esos jugadores o expulsarlos del equipo cuanto antes. Si la respuesta era que no les había brindado la formación para desarrollar la mentalidad y las habilidades correctas, se trataba de un problema de liderazgo que el entrenador y el equipo técnico debían abordar. En otras palabras, significaba que los jugadores necesitaban capacitación. Sin la formación adecuada, seguirían con esa actitud. Dicho esto, si después de recibir las herramientas o habilidades necesarias seguían sin cambiar, entonces ya sería su culpa.

Lo que le explicamos al entrenador se aplica a cada uno de nosotros, ya sea que hablemos de compañeros, miembros del equipo o incluso nuestra propia familia. La mayoría de personas no han aprendido ningún conjunto de habilidades para priorizar el tiempo y pasar al cuadrante 2. Se limitan a hacer lo que han aprendido hasta este punto de sus vidas, y si se pretende que mejoren, habrá que ofrecerles un nuevo conjunto de habilidades que los ayuden. Para rendir a un nivel más alto, tienen que aprender los procesos y herramientas que los ayudarán a tomar el mando de sus vidas y mudarse al cuadrante 2.

Resumen

Cuando apliques los hábitos Q2 de visión, roles y objetivos y planificación previa de la semana, mejorarán todas las áreas de tu vida. Este enfoque tanto en lo personal como en lo profesional es lo que provocará que tu *promedio de rendimiento* aumente. Por ejemplo, nos dimos cuenta de que cuando una persona enfrenta un problema importante en la vida, su productividad en el trabajo se reduce en aproximadamente un 40 %. Por lógica inversa, las personas que gozan de un equilibrio de historias de éxito trabajan con un 40 % más de productividad. De forma similar, según nuestra investigación, las personas que practican deporte y comen sano suelen ser un 15 % más productivas.

La combinación de estos hábitos te ayudará a tener más tiempo del que creías que existía. Sentirás el poder que procede de la sensación de dirección y propósito. La saturación de tareas y el estrés decrecerán a medida que el rendimiento y la productividad aumenten. Cuidarás de tu salud física y mental y dedicarás más tiempo de calidad a las personas importantes de tu vida. En resumen, estamos seguros de que la aplicación de estos tres hábitos te ayudará en tu camino para disfrutar de uno de los mejores años de tu vida. Podemos afirmarlo sin vacilar porque hemos atestiguado que funciona en nuestras propias vidas, las vidas de gente como Amy y Jill y las vidas de cientos de personas. ¡Esta transformación es el motivo por el que hacer lo más importante importa!

La combinación de estos tres hábitos hace que nuestro enfoque cambie al Q2 y aumenta nuestro promedio de rendimiento. Cuando aplicamos estos hábitos, somos como el arquero que dispara más flechas y da en el blanco. Nos centramos en las pelotas de pimpón (en los elementos esenciales) en lugar de en las cosas pequeñas (piedras y agua).

Estos tres hábitos funcionan al unísono. De nada sirve aplicar uno sin aplicar los otros. Están diseñados para llevar a la persona desde una perspectiva de 9 000 metros por encima de su vida (la visión) hasta el momento de la verdad, que son las acciones diarias y semanales (planificación previa de la semana). Por eso es fundamental que leas los seis próximos capítulos con atención. Están emparejados: en el primero presentamos cada hábito y, en el siguiente, explicamos cómo ponerlo en práctica en tu vida.

Para empezar, ¡comencemos con el poder de tener una visión personal escrita!

PREGUNTAS DE REFLEXIÓN PARA ESTE CAPÍTULO:

1. ¿En qué cuadrantes pasas más tiempo ahora mismo? ¿Por qué?

2. ¿Cómo te sientes en cada cuadrante? ¿Cómo te sentirías si estuvieras principalmente en el Q2?

3. ¿Cómo puedes ayudar a tu equipo y organización a maximizar la eficacia mediante un enfoque fuerte en el Q2 y una gestión eficiente en el Q1?

4. ¿Qué área de tu vida personal y profesional crees que podría mejorar en cuanto a rendimiento y productividad?

3

El poder de tener
una visión personal

¿Qué tienen en común personas como los hermanos Wright, Martin Luther King Jr., Amelia Earhart, Hellen Keller, George Washington, Rosa Parks, Gandhi, Harriett Tubman y tantos otros? Ninguno de ellos era perfecto, pero lo que los une es una clara visión personal que era importante para ellos.

Seguramente al oír sus nombres pienses que tú jamás ejercerás un impacto tan influyente en el mundo. Es importante entender que tu visión personal no tiene por qué cambiar el mundo; ¡basta con que cambie *tu* mundo! Seas un CEO, un miembro del equipo de primera línea, ama de casa o estudiante, puedes desarrollar una visión personal escrita relevante para ti.

Piensa en lo bien que te sentirías si tuvieras esa sensación de propósito, claridad y dirección. Imagina levantarte por la mañana con ilusión por el día. Los empleados de alto rendimiento y los grandes líderes tienen ese tipo de visión. Es lo que suministra combustible al fuego de sus vidas.

A modo de metáfora, creemos que la visión personal es la semilla de tu legado. Imagina una multitud de árboles que crecen en el bosque Redwood. Pueden medir más de 70 metros de altura y 4,5 de diámetro, y cada uno de esos gigantescos árboles empezó siendo una pequeña semilla. De manera similar, la mayoría de grandes logros comienzan con la semilla de una idea.

Probablemente has oído sobre el concepto de crear una visión personal muchas veces a lo largo de tu vida. Sin embargo, en nuestra investigación descubrimos que se habla mucho más de ello de lo que se pone en práctica. De hecho, como compartimos anteriormente, tan solo el 2 % de las personas encuestadas disponían de una visión personal escrita. En este capítulo y el siguiente, queremos que plantes tu semilla y desarrolles una visión personal atractiva que sea importante para ti.

En cuanto al rendimiento y la productividad, lo más importante que podemos hacer es articular nuestra visión. Imagina, desde una perspectiva de gestión, lo ideal que sería contar con un grupo de personas en el que cada una dispone de un propósito y dirección claros en su vida, se implica, siente deseo y pasión por formar parte del equipo y cuenta con una visión personal que se alinea con el grupo y la organización. El proceso de desarrollar una visión personal puede ser transformador tanto para la persona como para el grupo entero.

Este enfoque único para desarrollar tu visión que compartiremos en este capítulo y los siguientes te ayudará a establecer una visión clara que impactará *todos* los aspectos de tu vida.

Los hermanos Wright

Antes de empezar con tu visión personal, examinemos la historia de los hermanos Wright para ver el impacto que tuvo su visión para cambiar el curso de la historia. Su visión les brindó dirección, motivación y aliento para diseñar y pilotar con éxito el primer avión, un hito que cambió el mundo.

¿Cuál era, pues, su visión? ¡Construir y desarrollar con éxito la primera máquina voladora!

Es interesante ver cómo surgió esta visión. Los hermanos Wright concibieron la idea de que el hombre podía volar en agosto de 1896. Ten en mente que Orville y Wilbur ni siquiera entendían los principios del vuelo en ese momento. Ese día de agosto fue importante porque, cuando concibieron la idea, la semilla, pusieron la primera piedra de lo que se convertiría en una visión poderosísima. Fue esa visión la que guio su comportamiento, enfoque, aprendizaje y tiempo. Y fue esa visión, junto con su contexto e ingenio, lo que hizo del avión moderno una realidad.

Solo tras concebir la *visión* del vuelo empezaron a descubrir *cómo* volar. Primero fue la visión; luego, la realidad. Lo mismo nos ocurre a nosotros: primero debemos desarrollar la visión para luego elaborar el cómo. A continuación, presentamos un contexto de los hermanos Wright y exponemos cómo su visión los condujo a los vuelos tripulados.

Wilbur (1867-1912) y Orville Wright (1871-1948) se criaron en Dayton, Ohio. Un día, su padre trajo a casa un pequeño helicóptero de juguete de madera. Contenía dos gomas elásticas que, al girarse, hacían rotar una pequeña hélice. Wilbur y Orville jugaron con él hasta que se rompió, y luego ellos mismos construyeron réplicas del juguete. Comenzaron a fabricar más helicópteros de juguete para venderlos a sus amigos; de este modo, su nueva curiosidad e innovación los llevó al mundo del vuelo.

Años más tarde, los hermanos Wright abrieron su primera tienda de bicicletas. Inicialmente vendían y reparaban bicicletas. Reemplazaban radios, arreglaban cadenas rotas y vendían accesorios. Más adelante, en 1896, comenzaron a producir su propia marca de bicicletas. Toda esa experiencia los ayudó en sus investigaciones sobre el vuelo. Utilizaron la tecnología que aprendieron en el negocio de bicicletas para los aviones: cadenas, ruedas dentadas, cables de radios, cojinetes de bolas y bujes. Sus ideas sobre el equilibrio y el control de los aviones también se basaban en su experiencia en el mundo de la bicicleta.

En 1900 construyeron la primera máquina diseñada para un piloto y eligieron Kitty Hawk, en Carolina del Norte, como campo de pruebas. Con sus vientos fuertes y constantes, áreas abiertas y altas dunas de arena, era perfecto para sus experimentos. El diseño de su primer avión produjo menos elevación de la esperada, así que lo hicieron volar como una cometa y recopilaron más información que les permitiría fabricar mejores máquinas. Necesitaban más práctica, por lo que desarrollaron lo que nombraron como «túnel de viento» para simular las condiciones de vuelo y mejorar el diseño.

En 1902, mediante el túnel de viento, descubrieron que para resolver los problemas de control necesitaban añadir un timón (véase la figura 7). Descubrir la importancia del timón fue uno de los avances que necesitaban para surcar los aires.

Figura 7. Diagrama del Wright Flyer

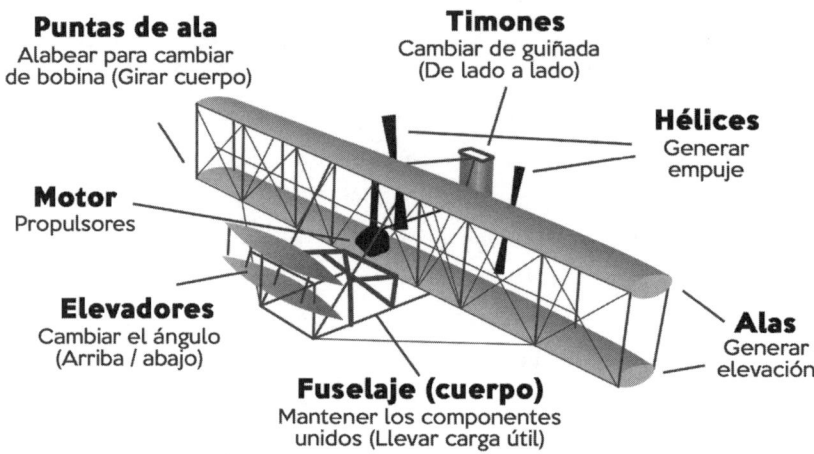

Fuente: Becoming Your Best Global Leadership

En Kill Devil Hills, el 17 de diciembre de 1903, a las 10:35 a. m., el Wright Flyer despegó con potencia autónoma con Orville como piloto (véase la figura 8). Voló durante 12 segundos y avanzó 37 metros. Orville y Wilbur se turnaron para realizar tres vuelos más esa mañana. Wilbur manipulaba los mandos del cuarto y más largo vuelo, en el que recorrió 260 metros en 59 segundos. El 1903 Flyer de los hermanos Wright se convirtió en la primera máquina propulsada y más pesada que el aire en volar de forma controlada con un piloto a bordo. Este asombroso invento aéreo se puede visitar en la actualidad en el Museo Nacional del Aire y el Espacio en Washington D. C.

En los años siguientes, los hermanos Wright continuaron implementando modificaciones y mejoras hasta que consiguieron ladear, girar, dar vueltas y trazar ochos repetidamente en el aire. En dos ocasiones, sus vuelos superaron la media hora. Wilbur y Orville Wright, brillantes ingenieros autodidactas, habían superado los complejos problemas técnicos que habían trabado el camino al vuelo mecánico durante siglos.[15]

¡Imagina el poder de esa visión única y el impacto que ejerció en el siglo siguiente!

Figura 8. Primer vuelo[16]

Los detractores probablemente les insistieron en que lo que pretendían era imposible. Sufrieron cientos de contratiempos y, como la mayoría de los pioneros, probablemente se sintieron tentados a renunciar en diferentes puntos del viaje. Pero su visión era clara y les suministró una fuente de motivación y dirección.

Fue la combinación de su mentalidad y habilidades lo que los ayudó a convertir lo imposible en posible.

Los hermanos Wright nos sirven como ejemplo del poder la visión, pero lo repetimos: no es necesario que tu visión cambie *el* mundo. ¡Basta con que cambie *tu* mundo!

La influencia de una visión personal

Casi todo el mundo está de acuerdo en que es importante alinear los equipos y organizaciones con una visión clara. Si tan fundamental es que un equipo esté alineado con una visión, ¿no es también importante que cada uno de nosotros tenga una visión que genere alineación en nuestra vida personal y profesional?

En el ejemplo de los hermanos Wright, vimos algo que cambió el mundo; ahora veremos un par de ejemplos personales para ilustrar cómo una visión personal también puede cambiar *tu* mundo.

• • • •

Acabábamos de dirigir una conferencia de dos días en Johannesburgo, Sudáfrica. Uno de los participantes, llamado Jeff (que desde entonces se ha convertido en un buen amigo), explicó que dirigía una organización de aproximadamente 2 000 empleados. Por su comportamiento y la forma en que hablaba, nos quedó claro que se preocupaba de verdad por sus empleados y el éxito de la organización.

Durante la conferencia, nos dimos cuenta de que Jeff había afrontado varias pruebas personales el año pasado que lo habían sometido a máxima presión. Nos explicó que estaba en horas bajas a nivel personal y que los problemas privados estaban afectando significativamente su capacidad para dirigir la empresa con eficacia.

Cuando terminó la conferencia, todos se fueron, excepto Jeff. Mientras desmontábamos el equipo, Jeff se nos acercó y colocó un paquete de cigarrillos en una silla cercana. Nos dimos la vuelta, vimos a Jeff de pie con los ojos llorosos y le preguntamos qué ocurría. Respondió: «He querido dejar de fumar desde hace ocho años. Llevo mucho tiempo fumando más de un paquete al día, a veces dos. Al desarrollar mi visión, me di cuenta de que los cigarrillos ya no forman parte de mi futuro. Este paquete —señaló el paquete de tabaco medio vacío— es el último paquete de cigarrillos que fumaré. ¡Mi visión ha cambiado!». Ahora su motivación interna era lo suficientemente fuerte para asumir el desafío que había eludido durante años. Nos fundimos en un gran abrazo y lo felicitamos por su nueva visión y motivación.

Jeff nos contó que había querido dejar de fumar desde hacía años. El mismo ejercicio que realizarás en el próximo capítulo para desarrollar una visión personal escrita es el que finalmente le dio a Jeff el impulso interno para abandonar ese vicio. La implementación de los tres grandes se convirtió en un punto de inflexión en su vida. Fue el enfoque en su visión, sus roles y objetivos y su planificación previa de la semana lo que lo cambió y lo ayudó a reconectarse con un propósito. Cuando pases por ese mismo proceso de desarrollar de tu visión, es probable que sientas un deseo interno similar de mejorar.

Las visiones son poderosas porque cuando adoptamos una detectamos intuitivamente cuándo nuestra vida se alinea o no con ella, y es nuestra responsabilidad volver a encarrilarla, como hizo Jeff ese día en Johannesburgo.

• • • •

Pasemos a un ejemplo más personal. Adoptar una visión cambió la vida de Rob cuando tenía 16 años, poco después de su tercer año en la escuela secundaria. Fue un año muy duro para él mientras intentaba descubrir de qué trataba la vida; se sentía perdido y confuso, con la confianza por los suelos y sin dirección ni motivación. Pero todo cambió en una cálida noche de julio, cuando asistió junto a su hermano Steven al Estadio de Fuego en Provo, Utah, una de las mayores celebraciones del Día de la Independencia en Estados Unidos.

Las celebraciones comenzaron con el fantástico vuelo de cuatro aviones de combate F-16, lo que siempre es una fabulosa experiencia. Cuando los *jets* los sobrevolaron, todos sintieron el rugido de los motores reverberar por sus cuerpos. Rob y su hermano contemplaban con asombro los aviones que surcaban el aire en perfecta formación. Rob y Steven se miraron y sellaron un pacto: «Algún día sobrevolaremos este estadio pilotando esos aviones».

En esa cálida noche de julio, el enfoque y la claridad entraron en la vida de Rob: plantó la semilla ¡y nació el comienzo de su visión!

A partir de ese momento, Rob se comprometió a actuar conforme a esa visión para convertirse en piloto de combate. Ese adolescente descarriado y perdido tenía ahora un enfoque nítido, y su vida cambió por completo: se puso manos a la obra para cumplir su visión. Sabía que tendría que graduarse de la escuela secundaria, lograr buenas notas en la universidad y competir con muchos cadetes por el codiciado puesto de piloto. A los 17 años, tras superar las lecciones de vuelo necesarias, obtuvo la licencia de piloto, lo que alimentó aún más su llama interna por convertirse en piloto de combate.

Muchos años después, tanto Rob como Steven se convirtieron en pilotos del F-16 de las fuerzas aéreas de Estados Unidos. Después de años de preparación y arduo trabajo, estaban mucho más cerca hacer realidad la visión que habían tenido en el Estadio de Fuego.

Quince años después de sentarse en el estadio como adolescentes, Rob y Steven solicitaron al Pentágono la aprobación para pilotar el vuelo sobre el Estadio de Fuego. Afortunadamente, el Pentágono aprobó la solicitud. Ambos habían vivido experiencias asombrosas durante sus respectivas carreras como pilotos de combate, pero sabían que este vuelo supondría una icónica guinda del pastel.

El 4 de julio de 2007, su visión se hizo realidad. Rob y Steven, en una formación de cuatro aeronaves, inauguraron la celebración y sobrevolaron el Estadio de Fuego. En la figura 9 puedes ver una imagen del *jet* de Steven, al extremo de la formación, tomada desde el *jet* de Rob.

Figura 9. Volando en formación

Fuente: Becoming Your Best Global Leadership

Tras sobrevolar el estadio, el controlador de tierra los contactó por radio: «Buen vuelo. Una sincronización perfecta. ¡Enhorabuena, Shallenbergers!». Se les puso la piel de gallina y se les inundaron los ojos. Fue un momento especial para todos. Toda su familia estaba en el estadio como espectadores, muchos de ellos también con lágrimas rodando por sus mejillas.

Fue esa semilla de visión personal plantada a los dieciséis años la que condujo a Rob hasta esa experiencia memorable. ¡Quince años más tarde, su visión se hizo realidad!

No importa cuál sea tu visión: cuando la adoptes, se convertirá en la chispa que prenderá tu fuego interior. Con ella podrás desarrollar tus roles y objetivos, así como elaborar una planificación previa de la semana sistemática para avanzar hacia el cumplimiento de esa visión.

Crea la realidad mental antes que la física

Uno de los mayores desafíos a la hora de desarrollar una visión es superar ese obstáculo que tenemos entre los oídos: nuestra mentalidad. Una de las cosas más importantes que puedes hacer en el proceso de desarrollar tu visión es dar rienda suelta a las ideas creativas y no preocuparte por las limitaciones y obstáculos de lo que es posible y lo que no.

Comparemos la importancia de la mentalidad con el diseño y la construcción de la casa de tus sueños. Imagínate el aspecto y el estilo de tu casa de ensueño. Imagínate conduciendo hasta ella, caminando hacia la puerta principal y entrando. Imagínate de pie en la sala principal, admirando cada uno de los detalles. ¿Verdad que no trazaste límites? En tus sueños, puedes construir lo que quieras. Imagínate contemplando la ebanistería, el paisaje, la cocina y la sala de estar. ¿Qué ves?

Ahora retrocedamos por un momento y pensemos en qué necesitas para construir ese hogar. Te harán falta, por lo menos, dinero, una propiedad y un plano (como el de la figura 10).

Figura 10. Plano de tu casa de ensueño

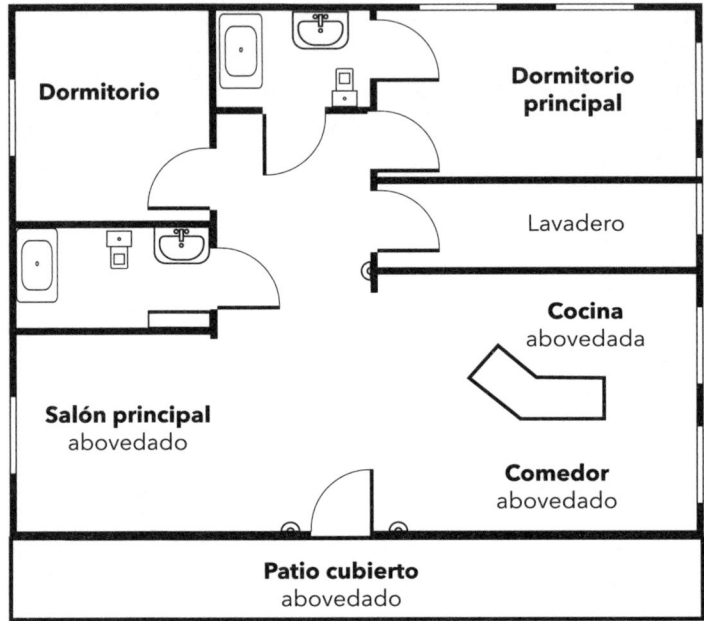

Dormitorio

Dormitorio principal

Lavadero

Cocina
abovedada

Salón principal
abovedado

Comedor
abovedado

Patio cubierto
abovedado

Fuente: Becoming Your Best Global Leadership

¿Construirías tu casa sin un plano o proyecto? ¡Ni por asomo! Sin un plano fiable, la casa seguramente no cumplirá los estándares, acarreará sobrecostos, los operarios no sabrán cómo proceder y acabará por no parecerse ni de lejos a lo que habías imaginado.

Cuando dispones de un plano, puedes comprobarlo todo de antemano. Puedes imaginarte el resultado antes de construir la casa, y repasarlo con tu pareja y familia para asegurarte de que a todos les parece bien. Una vez que comienza la construcción, el plano sirve como herramienta de comunicación para garantizar que todos los obreros sigan la misma línea de trabajo.

Si solo tuvieras una ocasión para construir la casa de tus sueños, serías muy meticuloso con los planos. Asimismo, en la vida solo contamos con una oportunidad. ¿Cuán importante es, pues, elaborar un plano fiable?

Al construir la casa de tus sueños, usas la imaginación para crear el pensamiento o figura mental de la casa, y es entonces cuando te pones manos a la obra para construirla y edificarla.

Adoptar una visión personal equivale a crear la realidad mental antes que la física. Cuando lo sueñas, puedes lograrlo. Cuando lo tienes claro en la mente, entonces te concentras intensamente en ello. El viaje de la vida se vuelve emocionante cuando puedes levantarte por la mañana y saber cuál es tu mejor versión porque la tienes en mente. Tu visión personal aportará dirección, textura, luz, color, imaginación, música, riqueza y asombro a tu vida.

Una visión clara puede transformar tu vida

Casi todos los grandes logros de la historia han ido precedidos por una visión. Piensa en estas famosas visiones:

- ⊚ John F. Kennedy: llevar al hombre a la Luna.

- ⊚ Rosa Parks: igualdad para todos.

- ⊚ Elon Musk: volver a llevar a la gente al espacio, colonizar la Luna, viajar a Marte.

- ⊚ Amelia Earhart: ser la primera mujer en sobrevolar sola el Atlántico.

- ⊚ Bill Gates: que todo hogar disponga de un ordenador.

Todos estos líderes influyentes han sido guiados por su visión. El liderazgo exitoso consiste en vivir la vida por *diseño* y no por *defecto*.

Desde una perspectiva de gestión, el liderazgo se basa en sacar lo mejor de los demás. Una de las mejores formas vivir la vida y extraer lo mejor de tu equipo es disponer primero de tu propia visión personal y, luego, ayudar a los integrantes a desarrollar la suya.

En su libro *Empresas que sobresalen*, Jim Collins habla sobre la necesidad de conseguir que tu gente se siente en el lugar que le corresponde del autobús.[17] Piensa en lo sencillo que es conseguir eso si tú, como líder, entiendes sus talentos, fortalezas y, *especialmente*, su visión. En la mayoría de casos, los miembros del equipo cuya visión personal se alinea con la del grupo y la organización aportan mejores contribuciones y rinden más.

Asimismo, enfocarse en los equipos es lo que hacen los líderes y ejecutivos de éxito. Imagínate el poder de un equipo en el cual todos cuentan con una visión personal escrita que los inspira e impulsa a dar lo mejor de sí. Y todavía sería mejor conformar un equipo con personas que tienen visiones personales inspiradoras, desarrollan sus roles y objetivos y realizan una planificación previa de la semana sistemáticamente. Con toda probabilidad, este equipo rendirá a un alto nivel gracias a los hábitos de alto rendimiento de sus integrantes.

Vayamos un paso más allá. Si eres padre o madre, imagina ayudar a tus hijos a desarrollar una visión escrita que sea importante para ellos. El liderazgo en el hogar es tanto o más importante que el liderazgo en el lugar de trabajo.

Veamos un ejemplo de este último ámbito. Steve y su mujer, Roxanne, trataron de brindar a sus hijos oportunidades para experimentar y aprender cosas nuevas. Creían que una de las cosas fortuitas de la vida es que, en el momento oportuno, la providencia se pondría de su lado para ofrecer a sus hijos la oportunidad de plasmar una visión o sueño que los influiría durante el resto de sus vidas.

¿Recuerdas cómo se sintieron inspirados Rob y Steven en el Estadio de Fuego al ver volar ese F-16? Otro ejemplo de este tipo de inspiración ocurrió cuando Steve llevó a sus hijos a las convenciones políticas del condado y del estado cuando eran pequeños. Uno de ellos, David, todavía guarda las fotos que se tomó con los representantes electos con tan solo doce años. David estaba tan impresionado por el servicio público que, treinta años más tarde, se involucró en política a nivel estatal. También él captó ahí su visión para convertirse en servidor público, y ahora, años más tarde, trabaja según esa visión.

Algo similar sucedió con los otros hijos de Steve. Todos ellos tuvieron una idea, captaron la inspiración, identificaron el plan de acción que se alineaba con sus fortalezas y formaron una visión personal que ejerció un profundo impacto en sus vidas. Evidentemente, ninguno de sus hijos es perfecto, pero lo que cosecharon gracias a sus visiones personales cambió sus vidas y las de muchos otros.

Pongamos un ejemplo final sobre el liderazgo en el hogar. Como parte de su visión, Roxanne (en el rol de madre) quería que sus hijos aprendieran a tocar el piano. A Steve le entusiasmó esa visión y la apoyó para encontrar un profesor y, más tarde, para llevar a sus hijos a las clases y ayudarlos a practicar. Como resultado de esa visión y arduo trabajo, los seis hijos de Steve y Roxanne tocan el piano, y esta tradición se transmitió a sus nietos, que actualmente están aprendiendo. Este tipo de legado no se dio por casualidad, sino gracias a la visión, el liderazgo, la motivación y el aliento de Roxanne.

Ayudar a una persona a plantar las semillas de sus intereses innatos y alentarlos a cultivarlas es uno de los mejores regalos que puedes brindarle; sea en el trabajo o en casa, esa es la esencia del liderazgo.

Resumen

El famoso orador y poeta Ralph Waldo Emerson dijo sabiamente: «Lo que hay por delante de ti y lo que hay por detrás son nimiedades en comparación con lo que hay en tu interior». La visión personal es exponencialmente más poderosa cuando se arraiga en nuestro carácter y principios correctos. Las visiones personales son mucho más que un destino; también son aquello en lo que nos convertiremos en el trayecto.

Tu visión personal, lo que reside en tu interior, cambiará tu mundo y el de quienes te rodean porque bendecirá e influenciará profundamente tu vida para siempre.

Desarrollar una visión personal escrita es el primero de los tres grandes hábitos que son predictores potentes de la alta productividad y el éxito. Cuando termines, tu visión se convertirá en una fuente de motivación y actuará como tu brújula interna. Se convertirá en la guía de tus roles y objetivos y, posteriormente, de tu planificación previa de la semana.

¡Empecemos hablando de cómo desarrollar *tu* visión personal!

PREGUNTAS DE REFLEXIÓN PARA ESTE CAPÍTULO:

1. ¿Cómo afectaría a tu vida el hecho de tener una visión personal?

2. ¿Qué área de tu vida se vería más afectada si tuvieras más dirección y enfoque?

3. ¿Cómo podrías ayudar a tus compañeros o miembros del equipo (o familia) a desarrollar su visión personal? ¿Cuál sería el impacto?

4

Cómo desarrollar
una visión personal

hora es el momento de empezar con tu visión personal. Para definir las expectativas correctas, debemos aclarar que no es una tarea que pueda completarse en unos pocos minutos. Requiere mucha reflexión, esfuerzo y emoción por tu parte. Te resultará útil tomar papel y bolígrafo para escribirla. También puedes emplear una tableta, pero debes escribir manualmente, no teclear. El acto de escribir desbloquea una zona de tu cerebro que de otro modo permanece inactiva (por extraño que parezca, el tecleo no la libera). Si necesitas ayuda, en BYBgoals.com encontrarás una plantilla de visión gratuita.

Bien, ya sea con una tableta o en papel, empecemos. Sigue estos tres pasos para desarrollar una visión personal atractiva.

Paso 1. ¡Da rienda suelta a tu imaginación!

Tal como imaginaste la casa de tus sueños en el capítulo anterior, primero debes identificar cómo quieres que sea tu vida para empezar a hacerla realidad. El primer paso consiste en crear esa realidad a nivel mental para poder empezar a avanzar hacia ella a nivel físico.

Te presentamos cuatro preguntas que te ayudarán a prender la mecha de tu imaginación para empezar a pensar sobre lo que te importa y sobre cómo debería ser tu mejor versión. Son preguntas que fomentarán el flujo de ideas *antes* de que empieces con tu visión.

Solemos recibir comentarios de gente que nos dice que estas cuatro preguntas preliminares fueron vitales para ayudarles a pensar sobre qué incluir en sus visiones personales. Invierte todo el tiempo que necesites para responderlas *detalladamente*. Es fácil contestar de forma superficial, pero te invitamos a profundizar. Para algunas personas, eso puede significar invertir horas en ellas. No deberías dedicarles menos de 15 minutos como mínimo; de lo contrario, te estarás engañando a ti mismo.

Escribe estas cuatro preguntas en una tableta o un papel y deja bastante espacio para responder:

A. En los próximos 10-20 años, ¿qué querrías hacer/conseguir?

B. Piensa en los mentores o las personas que te han inspirado (pueden ser personas que conoces o personajes ilustres). ¿Cuáles son sus rasgos, características y cualidades que admiras más?

C. ¿Qué te gustaría mejorar de tu trabajo, hogar o comunidad?

D. ¿Cómo crees que te describirá la gente al mirar atrás y recordarte dentro de 50 años, sigas con vida o no?

Estas cuatro poderosas preguntas te ayudarán a pensar en lo que más importa. Cuando las respondas, habrás comenzado a diseñar tu hogar —o la realidad mental de tu mejor versión— *antes* de comenzar con tu visión.

Todas las preguntas ejercen su función para que la imaginación fluya. Por ejemplo, la pregunta B te obliga a pensar sobre los mentores o influenciadores que te han inspirado positivamente a lo largo de la vida. Estas son algunas de las respuestas que obtuvimos en el pasado:

- Sacaron lo mejor de mí porque creyeron en mí.

- Su actitud era positiva y motivadora.

- Tenían sentido del humor, sabían cómo reír y pasarlo bien.

- Me escucharon honestamente cuando lo necesité.

- Se mostraban esperanzados y profesaban mucha fe.
- Asumían responsabilidades por sus acciones y por todo lo que les sucedía.
- Me trataron con amabilidad y respeto.

¿No sientes el poder de este proceso con solo leer algunas de las respuestas? La pregunta B suele provocar que la persona se plantee: «Si admiro estos rasgos y cualidades en otros, ¿no debería aplicármelos yo mismo?».

Debido a la naturaleza reflexiva de cada una de estas cuatro preguntas, es importante pensar *antes* de empezar con la visión. Al equiparte con tus respuestas, estarás listo para poner en marcha tu verdadera visión.

Tu visión trata tanto de *convertirte* en la versión ideal de ti mismo como de conseguir distintos objetivos en la vida. No importa si ya eres esa persona o no; lo importante es que articules el tipo de persona en la que quieres convertirte.

Paso 2: Identifica los roles que más te importan

Te invitamos a observar tu vida a través del prisma de distintos roles que son importantes para ti. A lo largo del día, te pones distintos sombreros en función de dónde estés, lo que estés haciendo y con quién estés, ¿verdad? Por ejemplo, el rol personal (físico, mental, emocional, espiritual y financiero), paternal, profesional, matrimonial o de pareja, de entrenador, de feligrés, de amigo/a, hermano/a, hijo/a, etc.

Cuando pensamos en los roles en general, solemos pensar solo en los profesionales. Los roles nos invitan a pensar en otras áreas de nuestra vida que son igual de importantes o incluso más. Dividir tu vida en los roles más importantes te ayudará a mantener el equilibrio y pensar en lo que puedes conseguir o hacer en cada área. Nuestro enfoque en los roles es lo que hace que este libro sea mucho más que otro volumen sobre negocios o liderazgo. Este enfoque holístico para dirigir tu vida y centrarte en los roles clave es lo que sustentará tu camino hacia tu mejor versión.

HAZ LO QUE MÁS IMPORTA

Si usaste la plantilla de BYBgoals.com, habrás visto que contiene áreas específicas para tu visión y objetivos en la sección para cada rol (véase la figura 11). En las filas marcadas como «Rol» debes escribir tus roles más importantes. En la figura 12 puedes ver que el mismo proceso de dividir tu vida en varios roles puede emplearse en un formato distinto. Por ahora, nos centraremos en la visión de cada rol. Ignora las áreas donde se habla de objetivos; de eso nos ocuparemos en los capítulos 5 y 6.

A lo largo del libro, leerás varias veces que tu rol *personal* es el más importante, porque se trata de *ti* cuidándote a *ti* en primer lugar, a nivel físico, mental, emocional/espiritual y financiero. Para que tu luz brille para los demás, primero debes encenderla. Hay quien se refiere a esto como *autocuidado*. Cuando lo logres, te encontrarás en una posición mucho mejor para desempeñarte en tus otros roles.

A menudo nos preguntan cuál es el número adecuado de roles que debe tener una persona. Aunque no existe ninguna respuesta correcta o incorrecta, el número óptimo se encuentra entre cinco y siete. Dependerá de tu personalidad y de tus circunstancias, así que tienes margen para experimentar. Recuerda que el objetivo de los roles es crear un equilibrio y enfoque para lo que más importa. No te conviene tener demasiados roles, porque tu tiempo y alcance son limitados. Por lo general, entre cinco y siete es un buen punto de partida para la mayoría.

Ahora que ya has considerado algunos de tus roles, escribe los que más te importan. Deja espacio debajo o al lado para escribir la visión. Por ahora solo es un borrador, así que no te preocupes por si es perfecto o no. Lo más importante es, sencillamente, empezar.

Figura 11. Plantilla de visiones y objetivos

VISIÓN Y OBJETIVOS PARA EL 202X

Personal (físico, mental, emocional, espiritual)

Rol:

Visión:

Objetivos anuales:
1
2
3
4

Gerente

Rol:

Visión:

Objetivos anuales:
1
2
3
4

Padre/madre

Rol:

Visión:

Objetivos anuales:
1
2
3
4

Cónyuge/pareja

Rol:

Visión:

Objetivos anuales:
1
2
3
4

Fuente: Becoming Your Best Global Leadership

Figura 12. Visiones y objetivos en otro formato

Mi visión y objetivos personales

«¡Solo hay dos formas de vivir: por diseño o por defecto!»

Rol: Personal (físico, mental, emocional, espiritual) _____

Visión: _____

_____

_____

Objetivo/s:

   Físico: _____

_____

   Mental: _____

_____

Emocional: _____

_____

Espiritual: _____

_____

Rol: _____

Visión: _____

_____

_____

Objetivo/s: _____

_____

_____

_____

_____

_____

_____

Fuente: Becoming Your Best Global Leadership

Paso 3: Escribe tu visión para cada rol

Ten en mente lo que respondiste a las preguntas del paso 1. La razón para empezar con estas preguntas era comenzar a pensar en lo que más te importa. Ahora recupera algunos de esos pensamientos e ideas de esas cuatro preguntas para reflexionar y descubre tu visión para cada rol.

Pregúntate: «¿Cuál sería mi mejor versión en este rol?». Si puedes aspirar a ser un mejor gestor, padre/madre, pareja, representante de ventas, etc., ¿cómo serías en cada uno de los roles? De nuevo, desarrolla primero la realidad mental de cómo sería tu mejor versión en cada rol para poder crear más adelante la realidad física.

Es importante aclarar la diferencia entre la visión y los objetivos. Piensa en la visión como un destino final: es la mejor versión de ti en ese rol, contiene un sentimiento emocional y guía tu comportamiento y toma de decisiones. Los objetivos para el año vendrán después y se convertirán en los hitos concretos para hacer realidad tu visión. Te resultará mucho más sencillo dar con objetivos en el contexto de tu visión. Cuando hayas desarrollado la visión, no es necesario que sea específica o mesurable; eso llegará con los objetivos. Lo más importante de tu visión es que guíe tu comportamiento y cree una alineación para tus acciones en ese rol.

Al desarrollarla, también es esencial que emplees términos que te empoderen, como *soy* o *seré*, en lugar de expresiones más débiles como *algún día*, *espero* o *pretendo ser*. Existe una gran diferencia entre afirmar «Soy un líder transformacional que guía desde el frente» y decir «Espero ser un mejor líder». Al escribir tu visión y objetivos, ¡las palabras importan!

Si eres como nosotros, seguro que te gustan los ejemplos, porque a menudo ayudan a generar nuevas ideas. Lee los siguientes ejemplos sobre una visión personal por cada rol, algunos personales y otros profesionales, para obtener una mejor perspectiva de lo que otros han conseguido:

Personal: Escojo vivir de forma equilibrada y saludable; estoy en una excelente forma. Mantengo un alto nivel de espiritualidad. Soy libre a nivel financiero, no debo dinero a nadie.

Cónyuge: Soy un cónyuge que se preocupa por su pareja y siempre la ayuda a sentirse genial. Soy plenamente fiel en mis pensamientos y acciones y procuro halagar a mi pareja, servirla y ser el cónyuge de sus sueños.

Amistad: Me rodeo de personas que me impulsan a ser mejor y que se preocupan por mis éxitos. Soy leal y comprometido y me alegro por los logros de los demás. Trabo amistades significativas y trato honestamente de ayudar, alentar e inspirar en la medida de lo posible.

Padre/madre: Soy un ejemplo en pensamiento y obra de amabilidad y preocupación por los demás. Soy el tipo de persona con la que me gustaría que mis hijos se casaran. Soy cercano con ellos y creamos buenos recuerdos juntos. Invierto tiempo y energía en ayudarlos a dar lo mejor de sí mismos y marcar una diferencia en el mundo.

Representante de ventas: Soy un líder transformacional que conoce las historias de los integrantes de su equipo e invierte en ellos. Defino el ambiente para que todos los miembros se sientan inspirados a rendir al máximo y siempre me centro en desarrollar la mentalidad y las habilidades de todos. Soy el tipo de líder al que mi equipo querría seguir aunque no ocupara ese puesto.

Insistimos en que tu visión es algo que debe crear alineación y dirección en los roles concretos. Intuitivamente podrás *saber* si tu visión se alinea con el rol respectivo. Si es así, perfecto. Si no, es tu responsabilidad tomar medidas para armonizar tu vida con tu visión.

Profundicemos un poco en el ejemplo del cónyuge. La visión de Rob en su rol como marido es: «Soy un esposo amable que se preocupa por su mujer. Siempre ayudo a Tonya a sentirse genial. Soy plenamente fiel en pensamiento y obra, y procuro constantemente halagarla, servirla y ser el marido de sus sueños». ¿Significa eso que su relación siempre presenta esas características? Por supuesto que no, pero Rob puede identificar rápidamente si sus acciones y palabras se desvían de la visión. Cuando hace o dice algo que no encaja con ella, es su responsabilidad arreglarlo y volver a encarrilarse. Esa visión también dirige sus objetivos y acciones semanales a la hora de elaborar la planificación previa de la semana. El objetivo es que la visión de Rob en su rol como marido le brinde una dirección para sus acciones y que sea importante para él. Eso es lo que debes poder decir sobre tu visión para cada uno de tus roles.

Desde un punto de vista profesional, ¿no te gustaría que la visión personal de los integrantes de tu equipo se alineara con la del grupo? ¿No querrías contar con personas cuya visión personal se alineara con las funciones de su rol? En nuestra experiencia, hemos constatado que si la visión del empleado no se alinea con la de la empresa o con su rol corporativo, rendirá y aportará, a lo sumo, con mediocridad. Por el contrario, la visión personal de los trabajadores exitosos y de alto rendimiento suele concordar con la de la empresa y con su rol. Por ello, todas las personas que completan la formación para hacer lo que más importa desarrollan una visión para su cargo o puesto profesional.

Puedes imaginarte cuán alineadora es la visión de Elon Musk cada vez que el fundador de SpaceX asegura: «Colonizaremos Marte». Puede que Elon no sea perfecto, pero este tipo de visión genera alineación y motivación. Puedes valerte del mismo proceso de pensamiento para cada uno de tus roles. En otras palabras, puedes desarrollar una aseveración que alinee tu comportamiento y acciones para convertirte en tu mejor versión en ese rol.

A continuación encontrarás más ejemplos que te ayudarán a generar ideas adicionales:

Personal: Soy organizado y tengo el control de mi tiempo. Me sumerjo en nuevas experiencias con entusiasmo. Siempre estoy aprendiendo cosas nuevas y emocionantes para mantenerme vigorizado. Soy sensato, estoy centrado y en conexión profunda con mi yo interior.

Artista: Aporto color y belleza al mundo pintando obras que desprenden gozo para los demás. Aprendo habilidades y técnicas que puedo enseñar a otros. Esparzo alegría a través de mis creaciones.

Estudiante: Soy un estudiante diligente que siempre completa las tareas con antelación. Sigo aprendiendo y creciendo a través de experiencias tanto dentro como fuera del aula.

Veamos también algunos ejemplos profesionales para varios roles:

CEO: Lidero con mi ejemplo y defino el ambiente de nuestra organización. Ayudo a mi equipo a mantenerse alineado, centrado y motivado para ser líderes en la industria de *software* para la captación de clientes. Dedico el tiempo y los recursos necesarios a desarrollar a las personas, crear una cultura de alto rendimiento y alinear la estrategia.

Gerente: Soy un gran gestor que contribuye para crear un equipo excelente. Soy el jugador clave que siempre aporta energía, entusiasmo y una actitud de vencedor. Levanto el ánimo a las personas con quienes trabajo y las ayudo a dar lo mejor de sí mismas.

Representante de ventas: Hago todo lo que está en mis manos ética y legalmente para cerrar acuerdos. Presento una actitud vencedora al sonreír y realizar llamadas. Procuro servir al cliente y superar las expectativas. Trabajo en equipo porque así ganamos todos.

Consultor independiente: Soy un líder empoderado y colaborador en todo momento, apasionado por trabajar con los demás y ayudarlos a convertirse en líderes exitosos. Soy un líder que impulsa la diversidad y cree en el poder del pensamiento diverso para tomar mejores decisiones.

Fundador: Levantaré una empresa de 50 millones de dólares y me convertiré en líder del sector de centros de datos. Soy un líder que dirige con integridad, innovación, visión y colaboración. Solo me rodeo de personas con una sólida ética profesional, que contribuyen al equipo y luchan por convertir la empresa en un lugar mejor.

Gerente de almacenes: La seguridad y la calidad son mis prioridades. Soy el tipo de líder que comunica con claridad sus expectativas y dirige las operaciones de almacén más seguras y eficientes del sector. Conecto con mis empleados y busco constantemente mejorar nuestras operaciones con la perfección como estándar.

Esperamos que estos ejemplos te ayuden a empezar. Recuerda que es esencial articular tu realidad mental para poder empezar a crear la realidad física. Recuerda también que la visión es el destino y los objetivos (que vienen después) son los hitos para lograrla.

Si te es posible, te invitamos a detenerte aquí e invertir el tiempo necesario para esbozar un borrador de tu visión. Al principio, lo más importante es simplemente escribir. Escoge los roles que más te importan, ponlos blanco sobre negro y elabora el primer borrador de tu visión. Después haz una pausa, léela, sopesa cómo te sientes y decide si es tu visión final o quieres realizar algunos ajustes.

Cuando hayas puesto sobre el papel algunos de tus pensamientos iniciales o dispongas de un borrador de tu visión escrita, puedes someterla al test del tornasol. Si lo supera, lo más probable es que hayas dado con una gran visión que generará alineación para cada uno de tus roles.

El test del tornasol

Tras dedicar tiempo a crear su visión, muchas personas se preguntan cómo saber cuándo han terminado.

Para la mayoría, crear una visión puede resultar desafiante porque supone articular la dirección para la persona que quieren ser y el tipo de legado que quieren dejar para cada rol. El test del tornasol definitivo consiste en hacerse dos sencillas preguntas. La primera es: «¿Mi visión me brinda dirección para cada rol?». Y la segunda: «¿Es importante para mí?». Si puedes responder afirmativamente a ambas, ¡has empezado muy bien!

No es necesario que tu visión lo contenga todo; basta con que contenga *lo más importante* para ti. Te presentamos otras preguntas adicionales que puedes plantearte para garantizar que has cubierto lo más importante en tu visión. Si ya has escrito tu visión, revisa el borrador y comprueba si estas preguntas introspectivas dan luz a nuevas ideas:

- *¿Describe mi forma física y estado de salud deseado?*
- *¿Describe cómo gestiono mi dinero y las finanzas que deseo?*
- *¿Describe mi fortaleza emocional?*
- *¿Describe cómo respondo a la ira, el estrés o el caos?*
- *¿Describe cómo trato a los demás (mi cónyuge, mis hijos y mis compañeros)?*

- *¿Describe cómo aprendo y adquiero conocimientos?*
- *¿Describe qué tipo de oyente y comunicador soy?*
- *¿Describe cómo vivo en paz y equilibrio?*
- *¿Describe mi perspectiva vital?*
- *¿Me ilusiona?*
- *¿Describe mi honestidad e integridad, especialmente a la hora de elegir?*
- *¿Describe cómo asumo responsabilidades por mis acciones?*
- *¿Describe mi reacción ante la adversidad, los contratiempos y el fracaso?*
- *¿Describe mi fe?*
- *¿Describe mi ética profesional?*
- *¿Describe una disposición que me impulsa a avanzar?*

Si lees tu visión y consideras que te aporta dirección y es importante para ti, ¡ya la tienes! Si puedes responder satisfactoriamente a la mayoría de preguntas de la lista anterior, tu visión ha superado el test del tornasol y ya te encuentras entre una élite de la población. ¡Llegado a este punto, has logrado algo que tan solo el 2 % de la sociedad ha conseguido!

Deberías notar una sensación de satisfacción y un sentido claro de propósito y dirección. Si te sientes algo incómodo o nervioso, es perfectamente normal y suele ser positivo. Una visión personal puede evocar una gran variedad de emociones debido a su naturaleza tan personal. La razón por la que es normal sentir tanto emoción como intranquilidad es que ahora eres como la cinta elástica de la que hablamos en el capítulo 1: te estás estirando.

Te invitamos a acudir a tu agenda ahora mismo y reservar aproximadamente una hora para centrarte en desarrollar y completar tu visión. Idealmente, deberías hacerlo en las próximas semanas, cuando aún lo tienes fresco.

Para ayudarte con la rendición de cuentas, puedes escribir la fecha prevista de compleción aquí:

Finalizaré mi visión personal el _____ (fecha).

Cuando hayas superado el test del tornasol y hayas completado tu visión, te invitamos a imprimirla y colocarla en un lugar donde la puedas ver a menudo (al menos una vez por semana, cada vez que realices la planificación previa de la semana). Si usaste el planificador de Becoming Your Best, puedes ponerla en la parte frontal, debajo de la pestaña «Visión». La cuestión es tenerla delante. Ya se sabe que ojos que no ven, corazón que no siente.

Si quieres ir un poco más allá, te invitamos a memorizar tu visión para cada rol. Al hacerlo, la arraigarás más profundamente en la mente y el corazón. ¡Piensa en lo genial que te sentirás al disponer de una brújula interna tan poderosa!

Cuando hayas finalizado tu visión, podrás continuar construyendo este hábito de seguir centrándote en ella. A algunas personas les resulta útil crear un *panel de visión*, un complemento excelente para la visión escrita. Para ello, basta con colocar fotos en un panel para representarla. Puedes ponerlo en el vestidor, el pasillo, el garaje, la oficina o cualquier lugar que veas a menudo.

Otra forma de construir tu visión escrita es elaborar una lista de cosas que te gustaría hacer a lo largo de la vida. Si tienes pareja, pueden crear una por separado y luego ponerla en común, ver dónde coinciden y convertir esos elementos en prioridades. Dicha lista puede formar parte de tu panel de visión o puedes colocarla junto a tu visión escrita.

Tanto el panel de visión como la lista de cosas por hacer son formas sencillas de seguir construyendo tu visión escrita. Te añadirán enfoque, dirección y energía.

Sin embargo, la parte más importante de este proceso consiste en empezar a desarrollar tu visión personal escrita para cada rol. Al fin y al cabo, todo es empezar. Como reza el dicho de un autor desconocido: «No tienes que ser grande para empezar, pero tienes que empezar para ser grande». Así que te invitamos a empezar hoy mismo.

Enhorabuena por llegar hasta aquí. ¡Es un gran logro!

El trascendental impacto de tu visión personal

Es interesante escuchar las historias de cómo la visión de otras personas las ayudó en su enfoque y productividad, tanto a nivel profesional como personal. Tal vez también te guste ver lo que otras personas han escrito sobre sus experiencias mientras reflexionas sobre tu visión personal.

Considera los siguientes testimonios sobre el proceso:

> *«Los obstáculos solo se vuelven visibles cuando apartas la vista del objetivo». Esta es una de mis citas favoritas que encarna la importancia que tiene para mí la visión personal. Mi visión no solo es importante, sino que, además, me impulsa desde lo más profundo de mi ser. Mi visión personal infunde propósito, dirección y enfoque a mi vida. En ocasiones, es fácil apartar la vista de la visión y olvidar lo que te importa o perderse en la monotonía de la vida. Cuando eso ocurre, me doy cuenta de que no me siento tan llena y feliz. Sin embargo, cuando lo advierto, regreso a mi visión para ver cómo mis acciones se alinean con ella. Muchas veces me he desviado y desalineado, pero el mero hecho de darme cuenta es poderoso, porque puedo corregirlo y reencarrilarme. Mi visión me ha cambiado la vida. Es lo que me impulsa y da propósito.*
>
> —ANNE S. P.

> *Recito mi visión de memoria casi cada mañana, y me anima y prende una profunda pasión en mí para afrontar los desafíos del día con la mejor actitud. Mi visión sigue dibujándome una sonrisa en la cara y me transmite un propósito y motivación que me hacen sentir pleno cada día cuando medito en ella.*
>
> —MICHAEL L.

> *Para mí, la visión personal me permite sentir más felicidad y paz en lugar de tristeza, dolor, confusión o desespero. Recientemente aprendí que podía reescribir mi visión personal, y*

cuando lo hice mantuve los elementos clave de la anterior. No obstante, debido a los muchos desafíos y experiencias, reescribir mi visión personal me ha brindado más felicidad y me ha permitido asumir tareas adicionales y desafíos con más calma y paz. Tener una visión personal y profesional marca la diferencia para seguir en este camino de la vida. Mi visión personal es la base para hacer lo que más importa cada día.

—JULIE R.

Contar con una visión personal para los roles clave de mi vida ha ejercido un impacto poderoso en mí porque estas declaraciones me ayudan a recordar el tipo de persona que estoy intentando ser. Entre seguir una agenda apretada, tener una familia de ocho personas y otras responsabilidades, mis semanas son intensas y es fácil perder el enfoque. Pero cuando me siento y reviso mi visión personal para cada rol en mi planificación previa de la semana, me centro de nuevo en lo que pretendo conseguir en la vida. Mi visión personal ha ejercido un impacto enorme en mis resultados porque me ayuda a identificar lo que más importa. Me esfuerzo por mantenerme centrado en mi visión, superar los obstáculos y alentarme a mí mismo y a los demás a mejorar.

—JEFF D.

Mi visión personal es mi estrella guía, mi brújula y el estándar por el cual vivo. Es la vara de medir de mi autorreflexión y la base de todas las decisiones que tomo. Mi hijo incluso la representó visualmente como un escudo de armas que refleja esa visión… Es lo que soy.

—DAVID C. P.

Resumen

Tu visión personal es la semilla de tu legado, tu brújula interna y, en definitiva, lo que quieres ser y hacer en cada rol. Al final, las historias que nos contamos y la imagen mental que dibujamos se convierten en nuestra realidad.

James Allen, autor y poeta británico, dijo sabiamente: «La visión que glorificas en tu mente, el ideal que entronas en tu corazón, esto construirá tu vida, y en ello te convertirás».[18]

El acto de escribir tu visión es un proceso poderoso, así que te invitamos a dedicar tiempo y esfuerzos para comenzarla y terminarla. Te ayudará reservar un tiempo en tu agenda para trabajar en ella hasta que la termines. Si ocupas un cargo de gestión, te invitamos a ayudar a tu equipo a iniciar también sus visiones personales escritas. Si tienes hijos y están dispuestos, puedes ayudarles también a hacer lo propio.

Cuando dispongas de un borrador de tu visión personal, es hora de avanzar. Los próximos dos capítulos se centran en cómo hacer crecer la semilla y conseguir que tu visión se convierta en una realidad a través de los roles y objetivos.

PREGUNTAS DE REFLEXIÓN PARA ESTE CAPÍTULO:

1. ¿Cómo fue para ti la experiencia de desarrollar una visión personal?

2. ¿A quién conoces que podría beneficiarse de este proceso de desarrollar una visión personal escrita (hijo/hija, compañero, miembro del equipo)? ¿Por qué le ayudaría este proceso?

3. ¿Dónde colocarás tu visión personal para poder tenerla como referencia cada semana durante la planificación previa de la semana?

5

El poder de los roles y los objetivos

Un amigo nuestro —llamémosle Gary— es el CEO de una conocida empresa ubicada en el oeste de Estados Unidos. Tiene unos 62 años. Hace tres años asistió a un taller de tres horas con su departamento de Young Presidents Organization (YPO).

Se presentó durante la pausa (tras comenzar su visión y objetivos) para explicar que durante los últimos cuatro años se había sentido como si hubiese perdido su agudeza. No tomaba decisiones claras como antes y notaba que su pasión por el negocio se había desvanecido. Se había planteado seriamente ceder toda la empresa a su hijo.

Tras los primeros 90 minutos del taller, nos indicó emocionado que había experimentado todo un cambio de mentalidad. El acto de iniciar su visión y objetivos volvió a encender la llama de antaño. Se sentía entusiasmado cuando, lleno de emoción, comentó: «No me había sentido así durante al menos cuatro años. Ahora me siento centrado y veo con claridad el camino que tengo por delante». Le explicamos que lo que experimentaba no era más que el principio, y lo invitamos a comprometerse a finalizar su visión y objetivos durante las próximas dos semanas. También lo invitamos a ser constante con el nuevo hábito de la planificación previa de la semana para los próximos tres meses y llamarnos para ponernos al día.

Tres meses más tarde, Gary nos llamó, emocionado y hablando a toda prisa: «Los últimos tres meses han sido de los mejores de mi vida. Siento que he recuperado mi capacidad para los negocios; mi mente está clara y centrada, y mi vida personal está mejor que nunca. ¡Los últimos tres meses han sido de los más productivos en años!». Nos contó que lo primero que hizo fue desarrollar una visión que prendiera su llama interna. Se había dado cuenta de que se sentía quemado y como si hubiera perdido el porqué de hacer negocios. Desarrollar esta visión fue el punto de partida para redescubrir ese porqué.

Durante la llamada, Gary prosiguió explicándonos que, junto con su visión, había escrito un objetivo durante el taller que ejerció un gran impacto en él. Durante la conferencia, habíamos recomendado a todo el mundo marcarse un objetivo de lectura específico para el año, ya que en nuestros estudios descubrimos que la lectura y el éxito están estrechamente relacionados (ya sea escuchando audiolibros o leyendo a la vieja usanza). Uno de los objetivos centrales de Gary fue leer de media al menos un libro sobre liderazgo al mes. Fue interesante escucharle decir que cuatro años atrás, cuando empezó a perder el entusiasmo, también había dejado de leer. Solía ser un devorador de libros, pero por alguna razón abandonó la costumbre. Durante el taller se dio cuenta de que debía recuperarla.

Incorporó la actividad Q2 de lectura a sus nuevos objetivos, y eso lo impulsó a retomar el hábito. Nos explicó que ese objetivo era el responsable de una mejora significativa en su motivación, liderazgo y toma de decisiones. ¡Fue mucho más fácil para Gary enderezar el rumbo en cuanto identificó qué era lo más importante, desarrolló su visión y objetivos y agendó sus prioridades en lugar de sucumbir a la saturación de tareas y la procrastinación! Sabía que actividades como la lectura eran importantes, pero —para usar un término de la aviación— habían desaparecido del radar.

Hemos oído historias similares a la de Gary muchas veces a lo largo de los años. La verdad es que todos dejamos que las cosas importantes desaparezcan del radar en algún momento. El auténtico potencial se demuestra cuando estamos dispuestos y somos lo suficientemente disciplinados para finalizar nuestra visión, objetivos y roles y realizar una planificación previa de la semana sistemáticamente. ¡Imagina el impacto en el rendimiento y la productividad de un equipo cuando sus miembros disponen de visiones personales escritas, roles y objetivos para el año que los mantienen centrados!

Empezar

El proceso de fijar objetivos comienza cuando ganas claridad sobre lo que más importa para ti este año. Te invitamos a preguntarte a ti mismo lo siguiente de forma introspectiva:

- ⊙ ¿Qué me gustaría conseguir este año a nivel personal y profesional?

- ⊙ ¿Cómo puedo medir específicamente mi éxito en los diferentes roles de mi vida?

- ⊙ ¿He escrito alguno de esos pensamientos o metas en forma de objetivos? De ser así, ¿cuán a menudo los reviso?

Estas preguntas nos ayudan a pensar en lo que más nos importa y hacia dónde dirigir nuestras energías. Les Brown, autor y orador motivacional, dijo: «Si defines tus objetivos y los persigues con toda la determinación que puedas, tus talentos te llevarán a lugares que te maravillarán». Fijarse los objetivos correctos es importante para alcanzar tu visión porque orienta tu foco hacia tus objetivos en lugar de hacia tus miedos.

Cualquier persona que lea esto partirá desde un punto distinto. Sin importar cuál sea el tuyo, tu visión y tus objetivos pueden evocar una gran variedad de emociones. Es esencial que sigas el proceso para conseguir los resultados que seguimos discutiendo.

Recordemos la analogía de la casa de ensueño del capítulo 3. Cuando terminas el diseño del hogar, se puede construir ladrillo a ladrillo. De manera similar, la consecución de tu visión se alcanza objetivo a objetivo, y puede requerir semanas, meses, años o incluso toda una vida. Aunque algunos de los objetivos pueden necesitar más tiempo, cuando persigas tu visión sentirás y presenciarás un cambio inmediato en tu motivación interna y tu productividad externa. Tu visión te proporciona dirección y propósito, y los objetivos suponen los hitos clave para ir convirtiendo esa visión en una realidad. La visión y los objetivos se armonizan para crear una ruta de inspiración hacia delante.

Hemos observado que en muchas organizaciones se habla a menudo de los objetivos, pero rara vez se emplean de forma que mejoren la ejecución o los resultados. Lo más habitual es que a los objetivos organizacionales les falten elementos clave que aumentarían drásticamente tanto el rendimiento como la productividad. Cuando se escriben y usan correctamente, los objetivos se convierten en algo que los gestores y empleados pueden perseguir con un sólido enfoque y conducen a mejoras significativas en el rendimiento y la productividad.

Volvamos al ejemplo del arquero del capítulo 2. Para acertar el blanco, el arquero primero debe identificar dónde está la diana. Solo entonces podrá apuntar y disparar. Como parte de un equipo, necesitas saber cuál es la meta del mismo (el foco o áreas Q2).

¡Este es un buen recordatorio para todos nosotros de que nuestro enfoque determina nuestra realidad!

Durante los últimos nueve años, hemos investigado el poder y la eficacia de los objetivos en las organizaciones con las que hemos trabajado. A menudo realizamos una evaluación previa y posterior para medir los resultados. Una de las razones para el aumento de la productividad es este proceso de fijar objetivos. Los roles y los objetivos empoderan a las personas o equipos para identificar las actividades Q2 y, a continuación, convertir esas áreas de enfoque en objetivos bien redactados. La otra parte fascinante de nuestra investigación organizacional es que descubrimos que es un 90 % más probable que consigamos algo si hemos definido claramente por escrito nuestro objetivo y plan. Ya sea que pretendamos mejorar la salud, las relaciones, lograr un objetivo de ingresos o de ventas, una cantidad de producción o cualquier otro objetivo empresarial importante, es un 90 % más probable que lo consigamos si lo hemos definido claramente por escrito en forma de objetivo. Sin embargo, la estadística *solo* se aplica cuando el proceso para fijar dicho objetivo se sigue y se pone en práctica correctamente.

También hemos descubierto que menos del 10 % de los empelados escriben sus objetivos claramente, y que el 83 % de los gerentes sienten que los miembros de su equipo podrían desempeñar un mejor trabajo si desarrollaran y ejecutaran sus objetivos.

Esta brecha de rendimiento y ejecución es un punto al que los líderes deberían prestar atención. Pueden supervisar a los miembros de su equipo e impartirles la formación necesaria para que desarrollen las habilidades de los tres grandes, que casi siempre aumentan el rendimiento de los equipos. Hemos comprobado de primera mano que estas habilidades pueden aprenderse a través de la práctica y la repetición. Al igual que el entrenador de fútbol americano de 1.ª división del que hablamos anteriormente, los gerentes no tienen razones para frustrarse con los miembros de su equipo si nunca los han ayudado a desarrollar las habilidades.

Los gerentes también deben entender por qué en ocasiones se asocia un estigma negativo a los objetivos y por qué muchos dudan a la hora de desarrollar los suyos. Una de las preguntas que lanzamos a nuestros encuestados fue: «¿Por qué nunca has establecido objetivos en el pasado?». Obtuvimos todo tipo de respuestas, pero muchas se repitieron. A continuación enumeramos las razones más habituales por las que mucha gente no fija sus objetivos y duda a la hora de dedicarles esfuerzo:

- Nunca aprendieron a hacerlo en casa, la escuela o la universidad.

- Los objetivos escritos obligan a rendir cuentas, y eso puede asustar dependiendo de cuáles sean.

- A menudo tienen miedo al fracaso, porque una vez escritos, los objetivos se vuelven reales.

- Muchos reconocen que los objetivos son importantes, pero nunca han dedicado tiempo a establecerlos porque procrastinan o están demasiado ocupados.

La mayoría de estas preocupaciones son el resultado de la falta de un proceso real, y eso no es su culpa. Pueden abordarse fácilmente siguiendo las sencillas instrucciones que destacamos en el capítulo siguiente.

Con este proceso de fijar objetivos, volvemos a las habilidades y mentalidad de hacer lo que más importa. Cuando alineamos nuestros objetivos con nuestra visión, agendamos nuestras prioridades en lugar de priorizar nuestras agendas. Tampoco importa cuál sea tu punto de partida actual; en el espíritu de *lo bueno, lo mejor y lo excelente*, este conjunto de habilidades te ayudará a mejorar tu rendimiento y productividad allí donde estés hoy.

John y Bella

Tenemos un amigo llamado John que trabaja de contable y tiene varios hijos. Ha cosechado éxitos en muchos sentidos y siempre ha tenido una vida aparentemente genial. Con todo, el otro día hablamos y comentó que se sentía adormecido. Admitió que había prosperado financieramente y conseguido muchas de las cosas que se había propuesto. Y, aun así, sentía que podía lograr mucho más. Le preguntamos sobre sus objetivos y contestó: «Nunca me he fijado objetivos personales. He pensado en muchas cosas que quiero, pero nunca he escrito objetivos personales». Hablamos sobre los roles y los objetivos durante varios minutos y decidió darles una oportunidad. Ese año, desarrolló cinco objetivos específicos, uno para cada rol.

Uno de sus objetivos consistía en correr 5 kilómetros en menos de treinta minutos antes del 30 de julio. Otro, en cuanto a su cargo como contable en la empresa, era lograr un objetivo financiero. Este objetivo suponía un gran salto con respecto a su rendimiento del año anterior. Para su sorpresa, al final del año había logrado los cinco. «Jamás habría hecho ninguna de estas cinco cosas —explicó— de no ser por los objetivos escritos y la planificación previa de la semana».

Tras esta experiencia, se convirtió en un firme partidario del poder y el enfoque de los roles y los objetivos. Al año siguiente, añadió más objetivos a cada rol y continuó experimentando un crecimiento significativo en cada área de su vida. Tras 40 años, por fin se sentó para identificar las áreas de enfoque del Q2 que más le importaban, y sus objetivos convirtieron lo imposible en posible. Diseñó cinco dianas y consiguió clavar la flecha en el blanco de todas ellas.

Uno de los comentarios que más recibimos resalta que los roles y objetivos sirven de ayuda para *todas* las áreas de la vida. Además de las ventajas personales y profesionales, la gente suele compartir historias de lo que sucedió cuando compartieron este proceso con sus hijos, cónyuge y otros amigos. Para ilustrar hasta dónde llegan los roles y objetivos, compartiremos el ejemplo de Bella, la hija de Rob.

Cada diciembre, los hijos de Rob se sientan y desarrollan sus roles y objetivos para el año siguiente. Cuando los terminan, Rob y su mujer los premian con una actividad o regalo divertido. Una de las hijas de Rob, Bella, tenía 11 años cuando descubrió su rol de autora. Rob se sorprendió, porque nunca lo había mencionado. Fue interesante atisbar cómo evolucionaba su mentalidad al empezar a pensar con originalidad.

Cuanto terminó sus objetivos, Rob la ayudó a ajustarlos un poco para ordenarlos mejor y garantizarle el éxito. En su rol como autora, se propuso el objetivo de escribir un libro infantil para el 20 de diciembre. Rob la felicitó por fijarse un objetivo tan divertido y que expandiría sus límites. Un par de meses más tarde, en una preciosa tarde de primavera, se sentaron juntos en el jardín para revisar sus objetivos. Al leer ese objetivo en particular, Bella le comentó que no estaba muy segura de por dónde empezar, así que decidieron escribirlo juntos como proyecto de padre e hija.

Trazaron un plan de acción sobre *quién* haría *qué* y *cuándo*. Bella se encargaría de ciertos aspectos, como pensar en las palabras, preguntas e ideas básicas para las imágenes. Rob se encargaría de encontrar un ilustrador y de gestionar el proceso.

Se les ocurrió el título *A–Z: The Best in You and Me* [Lo mejor en ti y en mí de la A a la Z]. La idea consistía en tomar todas las letras del abecedario y escoger una palabra llamativa asociada con cada una. Por ejemplo, con la A, actitud; con la B, bonito; con la C, coraje; *y así sucesivamente (en BellasBook. net puedes ver el resto de letras). También decidieron que Bella se inventaría una breve frase asociada con la palabra en cuestión para ubicarla en la parte superior de cada página* y, en la parte inferior, pondrían una pregunta para estimular conversaciones significativas entre padres e hijos.

Su visión consistía en crear un libro que ayudara a los padres o abuelos a entablar conversaciones con sus hijos o nietos. En la figura 13 puedes ver el ejemplo de «Beautiful» (bonito). La pregunta al final de la página es: «*¿Cuáles son algunas de las cosas bonitas sobre* ti?».

Durante el proceso de elaboración del libro se toparon con algunos inconvenientes. Por ejemplo, tuvieron que revisar 150 aplicaciones para escoger un ilustrador. El diseño del libro de Bella y de su web generó dificultades, pero ella no perdió el ánimo: su objetivo la mantenía centrada.

Ocho meses después todo estaba listo. A mediados de diciembre, Rob y Bella estaban desesperados por terminar el libro a tiempo. El 20 de diciembre, tras una caótica odisea para imprimir las primeras copias, Rob y Bella se tomaron una foto en el porche trasero de su casa con el libro completo entre manos, como puedes ver en la figura 14.

Figura 13. Una página del libro de Bella

Figura 14. El libro de Bella completado

Desde entonces, gente de todo el mundo ha leído el libro de Bella. Ganó suficiente dinero con las ventas para pagarse el fútbol, las clases de danza y empezar a ahorrar para la universidad. Y lo que es más importante: muchos padres compartieron con ella historias sobre las grandes conversaciones que entablaron con sus hijos al leer el libro.

La razón por la que compartimos este ejemplo es porque todo comenzó con el proceso de roles y objetivos. Bella cumplió su rol de autora y su objetivo correspondiente de escribir un libro infantil para el 20 de diciembre.

Pero ¿qué habría pasado si no hubiera escrito ese objetivo? Su libro *A–Z: The Best in You and Me* no existiría. Bella no habría conocido a las fabulosas personas a las que ha conocido, no habría ganado ese dinero y no habría disfrutado de las fascinantes experiencias que vivió en el camino.

En definitiva, si con 11 años pudo hacerlo, ¡cualquier puede!

Resumen

Un antiguo dicho reza: «La acción sin planificación es pura ilusión».

Sentirás un amplio espectro de emociones apasionantes a medida que avances en este proceso de identificar los objetivos que te ayudarán a cambiar la forma en que inviertes el tiempo y centrarte en el Q2 y en lo más importa.

¿No sería genial que todo tu equipo se centrara en sus roles y objetivos y en lo que más importa en su trabajo? Los empleados que abrazan este proceso suelen caracterizarse por pensar con originalidad y contribuir al equipo. Encuentran nuevas y mejores formas de hacer su trabajo, servir a los clientes y hacer crecer la organización. Estos son los tipos de resultados que las organizaciones deberían esperar cuando los miembros de sus equipos siguen el proceso y hacen lo que más importa.

Como decía el Gato de Cheshire en *Alicia en el país de las maravillas* de Lewis Carroll: «Si no sabes dónde vas, no importa el camino que elijas».[19] Cuando te equipas con una visión y objetivos, dispondrás del plan fundacional para centrarte radicalmente en lo que más importa.

Sabes adónde te diriges y dispones de un plan para llegar. Ahora, ¡empecemos con *tus* roles y objetivos!

PREGUNTAS DE REFLEXIÓN PARA ESTE CAPÍTULO:

1. ¿En qué te beneficiaría tener roles y objetivos? ¿Cuáles de tus roles crees que se beneficiarían más al aumentar tu enfoque?

2. ¿Qué te vino a la mente en cuanto a los objetivos al leer este capítulo?

3. ¿Cómo podrías ayudar a tus compañeros o miembros del equipo (o familia) a desarrollar sus roles y objetivos? ¿Cuál sería el efecto?

6

Cómo desarrollar roles y objetivos

Ste enfoque en cuanto a la fijación de metas (roles y objetivos) nos ayuda a mantener el equilibrio, incrementar el rendimiento y la productividad e identificar lo que más importa.

En el capítulo 4 desarrollaste una visión para cada rol. La visión es el enfoque estratégico o brújula interna que te proporciona dirección y propósito para cada uno de tus roles. Los *roles y objetivos* son el enfoque operativo y te ayudan a identificar específicamente tus objetivos para el año. Los objetivos son hitos concretos o áreas de enfoque *para este año* para avanzar hacia el cumplimiento de tu visión. Aunque la visión es una sensación y una emoción, los objetivos son específicos y mesurables. Es este proceso de trabajar para los objetivos y la planificación previa de la semana lo que conecta definitivamente tus acciones diarias con tu visión y con lo que más importa. A nivel organizacional, invitamos a los equipos a desarrollar tanto objetivos anuales como trimestrales, pero en este libro nos limitaremos a los objetivos individuales *anuales*.

A lo largo de tu carrera, en cierto punto, probablemente te pidieron que desarrollaras los objetivos profesionales de tu cargo o departamento. Si bien es un buen inicio, los roles y objetivos van un paso más allá. Te invitamos a considerar esas intenciones que desde hace años tienes en mente y convertirlas en roles específicos que ejercerán un enorme impacto para aumentar tu promedio de rendimiento.

En las páginas siguientes presentamos los cinco pasos para desarrollar con eficacia tus objetivos anuales, y luego compartiremos algunos consejos adicionales para convertir tus *buenos* objetivos en *grandes* objetivos.

Cinco pasos para desarrollar tus objetivos anuales

A continuación, te presentamos los cinco pasos para desarrollar roles y objetivos eficaces. Este proceso nos ayuda a desarrollar el enfoque y pensamiento Q2. Al seguirlos, te ayudarán a identificar tu diana y lo que más importa. Si tienes una meta clara, unos objetivos bien redactados pueden aumentar drásticamente tu rendimiento y productividad. Cuando un individuo o equipo dispone de una meta (objetivo) clara, pueden trazar un plan y mantenerse centrados. Al seguir estos cinco pasos, habrás hecho algo que menos del 10 % de la gente hace.

1. Revisa tu visión

Los objetivos personales deben alinearse con la visión. En lugar de centrarnos en el problema, debemos dirigir la atención hacia la visión, que es el propósito o destino. Los objetivos abren el camino para hacer realidad la visión. Si tus objetivos se alinean con tu visión, serán mucho más potentes y significativos que por su propia cuenta.

2. Identifica tus roles

Tal como hiciste con tu visión, en este paso identificarás los roles específicos que más te importan. Por ejemplo, algunos de tus roles pueden ser gerente, representante de ventas, padre, esposo, amigo, hijo, feligrés o hermano. Sin embargo, recuerda que tu rol más importante es el personal.

Dividimos el rol personal —y solo ese— en cuatro subcategorías distintas relacionadas con tu bienestar individual: la física, la mental, la emocional y la espiritual. La física se refiere al cuidado del cuerpo; la mental, a desarrollar la mente; la emocional, a cuidar de tus sensaciones internas de estrés y bienestar; y la espiritual suele relacionarse con la conexión con lo divino. Otra forma de examinarlas consiste en conectarlas con tu cuerpo, mente, corazón y alma. Es esencial pensar en cómo cuidarás de ti mismo en cada una de esas áreas y representar los pensamientos en forma de objetivo. Por ejemplo, el objetivo de lectura de Gary en el capítulo 5 era su rol personal mental: quería centrarse en desarrollar la mente. El rol personal, básicamente, consiste en cuidar de ti mismo.

Tal como mencionamos antes, a menudo resulta más sencillo limitarnos a pensar en nuestros roles profesionales. Sin embargo, al pensar en nuestros objetivos en el contexto de nuestros distintos roles podemos experimentar un éxito equilibrado en todas las áreas de la vida. Cuando divides la vida en tus roles más importantes, puedes mantener el equilibrio y pensar en lo que puedes hacer para alcanzar tu visión en cada rol. Este enfoque nos mantiene centrados en nuestras prioridades y en lo que más importa (el área Q2 de la matriz «Haz lo que más importa»).

3. Fija objetivos SMART en cada rol

Seguro que en algún momento a lo largo de tu carrera has oído hablar del acrónimo SMART (que en inglés significa inteligente). Los objetivos SMART son específicos, mesurables, alcanzables, relevantes y temporales.

La habilidad de escribir objetivos SMART es una de las claves para definir objetivos con eficacia y una de las áreas más difíciles de dominar; es un conjunto de habilidades. Como en todo, cuanto más practiques la escritura de objetivos de este tipo, más fácil te resultará. La forma en que los escribes te prepara para el éxito o el fracaso.

Fue interesante ver un estudio realizado por Strava, una empresa de *software* que realiza un seguimiento de la práctica del ciclismo y el *running*[20]. Rastrearon 98,3 millones de actividades y observaron que la fecha más habitual en que se abandonan los propósitos de Año Nuevo es el 19 de enero, cuando ni siquiera han transcurrido tres semanas del año. En el estudio también observaron que, si bien la mayoría abandonan el 19 de enero, el 88 % de los corredores que se fijaron un objetivo SMART seguían corriendo seis meses después.

Las palabas que usas y la forma en que escribes tus objetivos importan. Existe una enorme diferencia entre «Este año quiero ponerme en forma» y «Quiero tener una frecuencia cardiaca en reposo de 66 LPM para el 1 de julio».

En el equipo, cada miembro debería poder identificar los objetivos que más les importan y escribirlos con el formato SMART. Establecer roles y objetivos es un conjunto de habilidades del que todos los gestores y empleados pueden beneficiarse, ya que ejerce un impacto directo en su rendimiento y productividad.

Sumerjámonos un poco más en el acrónimo SMART:

ESPECÍFICO:

Cuanto más específico sea tu objetivo, más probable es que lo consigas. ¿Cuál de los siguientes ejemplos crees que es mejor: «Quiero perder peso» o «Quiero pesar 60 kilos el 30 de octubre»?Evidentemente, el segundo ejemplo es mejor porque es específico y más fácil de desarrollar y planificar. Además, el segundo ejemplo está escrito de forma positiva. Los objetivos positivos son más factibles y motivadores que los negativos. En lugar de decir «Quiero perder siete kilos», el ejemplo fija un peso objetivo específico.

Estos pequeños ajustes sobre la manera en que nos expresamos deberían ser evidentes. Con todo, es habitual ver variaciones de ese objetivo de «perder peso» en el mundo profesional, ¡y luego nos preguntamos por qué no presenciamos mejoras drásticas! La manera en que formulamos los objetivos importa.

MESURABLE:

De cara al final del año, debes poder releer los objetivos y concluir «Sí, los he conseguido» o «No, no los he conseguido». Nunca debes usar las palabras *más* y *mejor* al fijarte objetivos, ni ninguna variación de esas palabras tan imprecisas. Los objetivos medibles te obligan a rendir cuentas y, por tanto, es más probable que los cumplas.

Te presentamos dos ejemplos para ilustrar la diferencia entre un objetivo mesurable y otro que no lo es:

«Tener una mejor relación con mi esposa» vs. «Tener dos citas con mi esposa y sin nuestros hijos dos veces al mes».

«Leer más» vs. «Haber leído 12 libros no ficcionales para el 20 de diciembre».

En ambos casos, el segundo ejemplo es mejor porque es específico *y* mesurable. Tener una buena relación es una visión bonita, pero un objetivo pobre porque no es específico ni medible. Del mismo modo, el primer ejemplo de ambos casos es demasiado vago, mientras que el segundo se puede responder fácilmente con un sí o un no, de modo que nos impulsan a actuar.

ALCANZABLE:

Tus objetivos deben expandirte y potencialmente sacarte de la zona de confort, pero sin dejar de ser factibles. Seguramente no es realista proponerte ganar 10 millones de dólares en los próximos seis meses si ahora mismo ganas 1 000 dólares al mes. Si tu objetivo es imposible o incluso demasiado difícil, te desalentarás y rendirás. ¿Recuerdas el ejemplo de la cinta elástica del capítulo 1? Nuestros objetivos deben estirarnos, pero sin dejar de ser alcanzables. Nos gusta decir que los roles deben hacernos sentir ligeramente incómodos. Esa ligera incomodidad es un buen equilibrio entre expandir horizontes y salirnos de los márgenes de la realidad.

La respuesta inicial del equipo de ventas del ejemplo del capítulo 1 —cuando les pidieron aumentar las ventas de 17 a 34— fue una ligera incomodidad. Ese es el equilibrio que buscas: algo que te genere cierta incomodidad a la par que emoción y enfoque.

RELEVANTE:

Tus objetivos deben ser relevantes y alinearse con tu visión. Si parte tu visión es «Soy una persona sana y en forma», debes incluir objetivos específicos sobre salud y deporte. Tus objetivos son los hitos para alcanzar la visión.

TEMPORAL: ˙

Si es posible, añade una fecha o plazo a tu objetivo. Por ejemplo, «Correr 5 kilómetros en menos de 30 minutos el 21 de julio» o «Tener dos citas cada mes». Cuando unes un plazo o fecha a tu objetivo, te sientes más obligado a rendir cuentas.

4. Envía tus objetivos a entre 3 y 5 personas en quienes confíes

Cuando hayas desarrollado tus objetivos anuales, envíalos a entre tres y cinco personas en quienes confíes y a quienes admires. Se trata de uno de los factores clave para la rendición de cuentas. Varios estudios indican que este paso aumenta significativamente las probabilidades de que cumplas tus objetivos. Puedes explicarles por qué les envías tus objetivos y luego informarles de los avances al final del año. Hemos compartido nuestros roles y objetivos durante décadas, y hacerlo nos ha ayudado a entablar un vínculo estrecho con ese círculo de amigos. Tus amistades disfrutarán al conocer tus objetivos y recibir tus actualizaciones sobre los del año anterior. Además, su *feedback* te resultará útil.

Podemos contarte de primera mano que, cuando a mediados de año vaciles sobre si finalizar el objetivo o no, recordar que en diciembre tendrás que informar a tus amigos te motivará para completarlo.

Detente y piensa en algunas personas con las que podrías compartir tus objetivos. Sean quienes sean, ¿las admiras? Si es así, es el tipo de rendición de cuentas que necesitas.

Este paso crucial para compartir tus objetivos casi siempre aumentará la probabilidad de que los cumplas.

5. Revisa tus objetivos a menudo

Por último, no inviertas esfuerzos en desarrollar tus objetivos para luego guardarlos en el cajón. Ponlos en un sitio donde puedas verlos a menudo, tal vez al lado de la cama, en el ordenador o en tu calendario de planificación semanal. En el próximo capítulo te presentaremos el proceso de la planificación previa de la semana. La gente más exitosa —aquellos que mejoran tanto en productividad como en rendimiento— revisan sus objetivos semanalmente como parte de su planificación previa de la semana. El objetivo es hacer que tus acciones diarias o semanales se alineen con tus objetivos y visión.

La ligera ventaja de fijarte objetivos

Jeff Olson escribió un fabuloso libro titulado *La ligera ventaja*. La obra propone que, con un par de pequeños ajustes y variaciones en casi cualquier cosa, se puede lograr un impacto gigantesco en los resultados, y eso se conoce como la ligera ventaja. Escribir los objetivos de forma correcta es un concepto similar. Si aplicamos pequeños cambios o variaciones a la antigua forma de fijarnos objetivos, podemos cosechar grandes resultados.

Para que puedas fijarte objetivos de forma poderosa y adoptar un comportamiento concreto, te invitamos a desechar el término *propósitos de Año Nuevo*. Estos proverbiales objetivos suelen desmoronarse rápido, así que en su lugar queremos que te prepares para el éxito en cada objetivo que escribas. Así te mantendrás motivado y centrado en lo que más importa. Con unos pequeños ajustes podrás convertir tus propósitos de Año Nuevo en objetivos con enfoque. Las diferencias serán sutiles y mínimas, pero muy significativas, y te brindarán una enorme ventaja sobre quienes carecen de esas habilidades.

Al seguir los cinco pasos anteriores podrás desarrollar claridad, enfoque y equilibrio. Además de estos cinco pasos, hemos encontrado otros consejos que pueden aventajarte para conseguir objetivos. Las palabras importan, y las palabras que usas en tus objetivos marcarán la diferencia entre el éxito y el fracaso; los ajustes aparentemente pequeños generan esa ligera ventaja. El subconsciente es poderoso, y si «fracasas» en varios objetivos escritos te impulsará a no mirarlos para evitar sentirte culpable. Te recomendamos que escojas las palabras cuidadosamente para que tu subconsciente siga funcionando cuando implementes estos cinco pasos para fijar objetivos y algunos de los consejos siguientes.

Estas son algunas directrices que te prepararán para fijarte objetivos con éxito:

Por lo general, evita los objetivos diarios

Cuando charlamos con la gente y les presentamos este consejo, muchos lo reciben con dudas… hasta que explicamos por qué. En los roles y objetivos, el enfoque se basa en los objetivos *anuales*. El enfoque táctico se adquiere durante la planificación previa de la semana (hablaremos de ello en los capítulos 7 y 8) y te ayuda a priorizar lo que más importa a nivel diario/semanal, eliminando la necesidad de objetivos anuales que deban practicarse a diario. Por ejemplo, en ocasiones algunas personas empiezan el año proclamando emocionadas que su objetivo es «practicar deporte 30 minutos **diarios**», sin darse cuenta de que están preparando el camino para el fracaso. Si fallan un solo día, ya habrán «fracasado». Si fallan varios días, el subconsciente las llevará a evitar los objetivos.

Si, por el contrario, implementan tan solo algunos pequeños ajustes a sus objetivos, lo tendrán todo a punto para el éxito. Por ejemplo, pueden expresar su objetivo de la siguiente forma: «Conseguir una media de 30 minutos de ejercicio cuatro días a la semana» o «Correr 10 kilómetros para el 1 de septiembre». Si hablásemos de ventas en lugar de objetivos escritos, sería como proponernos realizar una media de 150 llamadas por semana en lugar de 30 diarias, o ingresar 1,2 millones de dólares en ventas de cara al 26 de diciembre. Como puedes comprobar, los ligeros ajustes en la forma de expresarlo proporcionan algo de flexibilidad en el tiempo y en las acciones. Estos ajustes nos dan algo de flexibilidad a lo largo de la semana a la vez que mantienen la integridad material del objetivo que intentamos cumplir.

Con esto no queremos decir que no puedes o no debes dividir tus objetivos mensuales o trimestrales en metas diarias. Por ejemplo, si quieres cerrar 20 ventas al mes, lo habitual es dividirlas en ventas diarias y semanales para conseguir la cantidad mensual. Hablaremos de esto con más detalle en los próximos dos capítulos.

Nos referimos a que, gracias a la planificación previa de la semana, son pocos los casos en que necesitamos fijarnos un objetivo *diario* —que nos llevará a fracasar en cuanto fallemos un solo día— como parte de los objetivos anuales.

Date flexibilidad

Recuerda el ejemplo anterior. Alguien que se basa en el objetivo de cerrar 30 ventas diarias habrá fracasado en cuanto no consiga esa meta un solo día, por la razón que sea. Por el contrario, si ajusta un poco la formulación podrá mantener el mismo estándar con algo más de flexibilidad. Una manera de hacer esto es emplear en primer lugar el término *de media*. En ocasiones, esta expresión puede ayudarnos mucho a fijar nuestro objetivo. Si regresas a los consejos anteriores, verás que utilizamos este término de varias formas. En la mayoría de ocasiones, marcarse el objetivo de «cerrar 30 ventas diarias de media» conserva la integridad material del objetivo a la par que ofrece algo más de flexibilidad para no sentirnos fracasados si fallamos un par de días.

Otra forma de darte más flexibilidad es tener cuidado con las palabras *cada* y *mínimo*. Estos términos tienen su lugar, pero debes ir con cuidado al usarlos. En lugar de emplear las expresiones *cada día* o *X veces como mínimo*, puedes expandir el horizonte temporal de tu objetivo. Por ejemplo, Gary, en el último capítulo, quería fijarse inicialmente el objetivo de «leer 15 minutos al día como mínimo». Es objetivo no permite flexibilidad, y en cuanto hubiese fallado una vez habría fracasado.

En lugar de eso, realizó la pequeña modificación de «leer de media 1 libro de liderazgo al mes» y lo cumplió. También podría haberse marcado como meta «haber leído 12 libros de liderazgo el 26 de diciembre», lo cual también le habría servido para alcanzar el mismo objetivo. Es cierto que sigue siendo importante reservar un tiempo diario para la lectura, y Gary planificaba cada semana esos 15 minutos diarios, pero como era de esperar no pudo cumplirlos todos los días. Sin embargo, gracias a la formulación de su objetivo, mantuvo la intención del mismo y pudo lograrlo con algo de flexibilidad. Recuerda que la planificación previa de la semana conecta todos tus objetivos a nivel diario y semanal.

Fíjate entre uno y cuatro objetivos por cada rol

La intención es centrarse en lo que más importa. Si *todo* importa, nada importa. Limítate a entre uno y cuatro objetivos por cada rol para poder decidir qué es más importante para cada uno. Si esta es la primera vez que escribes tus objetivos, tal vez puedes empezar con uno por cada rol. Si has estado fijándote objetivos durante años, quizá puedes pensar en tres o cuatro por cada rol.

Recuerda que el *rendimiento* consiste en dar en el blanco. Tu objetivo define cuál es ese blanco y, de primeras, querrás enfocarte en acertarlo con la flecha (cumplir tu objetivo para ese rol). Es decir, debes dar en el blanco flecha a flecha. A medida que esa capacidad vaya mejorando, el objetivo será más gestionable y podrás añadir más objetivos a cada rol. Enseguida verás que tu productividad aumenta correctamente. Antes de que te des cuenta, habrás acertado en el blanco con entre tres y cuatro flechas, como un arquero profesional. Tu rendimiento y productividad aumentarán exponencialmente, pero el progreso empieza con el foco que necesitas para dar en el blanco con la primera flecha. Ese es el primer paso.

En la mayoría de casos, tener más de cuatro objetivos por cada rol nos distrae del quid del proceso, que es dedicar tiempo y energías a lo que más importa. Para cosechar mejores resultados, céntrate en el objetivo que de verdad te importa para cada rol.

Al final del proceso, deberías sentir una combinación de emoción, enfoque y ligera incomodidad.

Si no realizaste la evaluación gratuita sobre el rendimiento y productividad personal que discutimos en la introducción, puedes ponerte con ella ahora; solo te tomará unos minutos y te brindará una excelente perspectiva sobre dónde te encuentras hoy en tu rol personal (a nivel físico, mental, emocional y espiritual). Puedes acceder a la evaluación en BYBassessment.com. Esta evaluación te ayudará a señalar las áreas de enfoque para que identifiques tus objetivos más significativos para cada rol.

Persigue una consecución del 70-80 %

Este parece ser el equilibrio perfecto para expandirse. Si cumples todos tus objetivos, seguramente significa que podrías haber logrado mucho más. Si te quedas en un 20-30 %, probablemente tenías más de entre uno y cuatro objetivos, no los formulaste correctamente o no realizaste la planificación previa de la semana. Unos resultados del 70-80 % a finales del año suelen equivaler a un salto enorme tanto en rendimiento como en productividad, así como una sensación de satisfacción. Quedarse por debajo del 100 % suele ser una buena noticia y puedes felicitarte a ti mismo. Recuerda que, con el espíritu de *lo bueno, lo mejor y lo excelente*, tus roles y objetivos para el año te brindan la oportunidad de renovar tu enfoque y decidir objetivos nuevos para cada rol.

Reserva entre una y tres horas para finalizar tus roles y objetivos

Normalmente se requieren entre una y tres horas para finalizar los objetivos y roles. Te invitamos a reservar este tiempo en tu agenda ahora mismo. La procrastinación es uno de los principales asesinos del éxito, y son muchos quienes, a lo largo de los años, jamás superan la fase de las buenas intenciones. El mejor momento para empezar es ahora, cuando aún lo tienes todo fresco.

Og Mandino, autor de *El vendedor más grande del mundo*, lo expresó con sabias palabras: «No eludiré las tareas de hoy ni las postergaré para mañana, porque sé que el mañana nunca llega. Déjenme proceder ahora aunque mis acciones no traigan la felicidad o el éxito, porque es mejor proceder y fracasar que quedarse inactivo y salir del paso a duras penas».[21]

En los negocios, el RSI (retorno sobre la inversión) es uno de los principales indicadores que deben tenerse en cuenta. Desarrollar tus roles y objetivos es una inversión en ti mismo, y te generará un tremendo RSI. Dedicar entre una y tres horas supone un nimio precio a pagar a cambio de una vida mejorada y exitosa, ¿no crees?

Hazlo con tu pareja o equipo

Si tu pareja o equipo están dispuestos a participar, puedes empezar a imaginar cuán potente sería que todos se alinearan mediante un proceso similar. Si tu equipo está formado por miembros que han desarrollado sus roles y objetivos y que pueden realizar una planificación previa de la semana sistemáticamente, eso creará unidad, alineación y rendición de cuentas.

Visita BYBgoals.com para obtener una plantilla de roles y objetivos gratuita

Cuando te registres en nuestra web te enviaremos dos plantillas, una en blanco para tus roles y objetivos y otra con ejemplos de objetivos bien expresados (véase la figura 15).

Practica

Imagina que quieres aprender a jugar al baloncesto pero jamás has tocado un balón. Por mucho que te pases el día hablando de básquet, si nunca agarras una pelota no aprenderás. ¿No es más útil practicar los tiros y las fintas si lo que quieres es jugar? Como en todo, para desarrollar habilidades necesitas práctica.

En este espíritu de práctica y repetición, examinemos algunos ejemplos focalizados en crear objetivos SMART y aprovechar otros consejos útiles.

Figura 15. Plantilla de ejemplo de visión y objetivos

VISIÓN Y OBJETIVOS PARA EL 202X

Rol:	PERSONAL (físico, mental, emocional, espiritual)
Visión:	Escojo vivir un estilo de vida equilibrado y saludable. Estoy en buena forma física. Mantengo un alto nivel de espiritualidad y mi relación con Dios es prioritaria. Soy libre financieramente, no debo dinero a nadie. Soy disciplinado y estoy centrado; dedico esfuerzos a lo que más importa.
Objetivos anuales:	**Físico:** Correr 10 km para el 1 de septiembre. Una media de 72 LPM para el 1 de julio. **Mental:** Leer al menos 12 libros de superación personal/motivacionales antes del 30 de diciembre. **Emocional:** Dos sesiones de yoga semanales de media. **Espiritual:** Leer el Antiguo Testamento antes del 30 de diciembre.
Rol:	GERENTE
Visión:	Soy un líder transformacional que conoce las historias de los miembros de su equipo. No escatimo en recursos a la hora de brindar a mi equipo la mejor formación para alcanzar su máximo potencial. Soy el tipo de líder al que yo mismo apoyaría y seguiría aunque no estuviera en el cargo.
Objetivos anuales:	1 Finalizar un plan estratégico para nuestra división antes del 1 de febrero. 2 Realizar una sesión de continue-start-stop con todos los empleados antes del 1 de abril. 3 Conseguir 1,5 millones de dólares en ventas para el 27 de diciembre. 4 Cerrar 15 contratos con clientes nuevos para el 1 de junio.
Rol:	PADRE
Visión:	Soy un ejemplo en pensamiento y obra de lo que significa ser un caballero. Soy el tipo de persona con la que me gustaría que mis hijas se casaran. Dedico tiempo a mis hijos para vivir momentos bonitos con ellos. Les ayudo a ver su potencial y marcar la diferencia en el mundo. Soy vulnerable y empatizo con ellos.
Objetivos anuales:	1 Hacer de media un viaje familiar de fin de semana a unas cinco horas de distancia de nuestra casa una vez al mes. 2 Llevar a cada una de mis hijas por separado a un viaje de padre-hija antes del 30 de diciembre. 3 Ayudar a todos mis hijos a terminar sus roles y objetivos para el 10 de enero. 4 Celebrar al menos una velada divertida padre-hija una vez al mes.
Rol:	CÓNYUGE/PAREJA
Visión:	Como marido, siempre consigo que Tonya se sienta genial. Soy plenamente fiel en pensamiento y obra y constantemente procuro halagarla y ser el esposo de sus sueños.
Objetivos anuales:	1 Leer juntos Start with the Vision [Empieza con la visión] y aplicar el proceso de seis pasos en nuestra relación para el 1 de julio. 2 Realizar al menos dos escapadas de fin de semana antes del 30 de diciembre. 3 Tener al menos 2 citas mensuales a solas. 4 Terminar la visión familiar para el 1 de marzo.

Fuente: Becoming Your Best Global Leadership

Imagina que eres un gerente o trabajador y supervisas a uno de los integrantes de tu equipo para ayudarlo a mejorar sus objetivos. ¿Cómo replantearías los siguientes ejemplos para que sean objetivos bien redactados?

- *Ser mejor vecino.*
- *Entrenar cada día para ponerme en mejor forma.*
- *Ser mejor gestor.*
- *Vivir más saludablemente y perder peso.*
- *Mejorar las ventas y lograr más acuerdos.*
- *Conseguir mejor feedback de mi equipo.*
- *Pasar más tiempo de calidad con mi pareja.*

Ahora plantéate cómo reformularías cada objetivo para convertirlo en SMART y encarrilar a la persona hacia el éxito. Por ejemplo, las palabras *más* y *mejor* aparecen mucho, y nunca deben usarse a la hora de definir objetivos porque no son específicas ni medibles. ¿Qué cambiarías para mejorarlos?

La siguiente lista muestra variaciones para cada uno. Fíjate en que son específicos y mesurables:

- *Juntarnos con los vecinos en casa antes del 1 de septiembre.*
- *Practicar deporte una media de tres veces por semana.*
- *Terminar el plan anual estratégico para la división de* marketing *para el 7 de enero.*
- *Correr 5 km en menos de 28 minutos antes del 30 de julio o conseguir una frecuencia cardiaca en reposo de 73 LPM para el 1 de agosto.*
- *Conseguir una media de 46 ventas por semana y ganar 642 000 dólares en ventas para el 26 de diciembre.*
- *Realizar un* continue-start-stop *anónimo con el equipo antes del 1 de marzo.*
- *Tener al menos dos citas a solas al mes.*

¡Recuerda que las palabras importan! Cómo escribas el objetivo es esencial para el enfoque que quieres tener y su consecución.

Resumen

Si estás leyendo esto en noviembre o diciembre, puedes empezar a desarrollar tus objetivos para el año siguiente. Si lo haces en otro mes, te animamos a desarrollar tus roles y objetivos para lo que queda de año.

Revisa tus roles y objetivos a través del prisma de las pelotas de pimpón y las peceras del capítulo 2. Cuando el profesor colocó las pelotas antes que las piedras, la arena y el agua todo cabía, pero cuando vertió primero el agua ya no quedaba espacio para las pelotas. Al igual que el profesor en este experimento, quieres evitar que las pequeñas cosas se acumulen y roben espacio a las grandes. La cuestión es identificar proactivamente las cosas que más importan y definirlas en forma de objetivo para que no se vean relegadas por los incendios diarios o los tesoros inalcanzables.

Cerremos el capítulo con algunas variaciones de las preguntas que utilizamos al principio:

- ¿Qué te gustaría conseguir este año?

- ¿Cuáles son tus objetivos para el año, tanto a nivel personal como profesional?

- ¿Cómo medirías específicamente el éxito en tus distintos roles?

- ¿Qué podrías hacer para aumentar significativamente el rendimiento y la productividad en tu espacio de trabajo? ¿Cómo podrías medirlo?

- ¿Cuándo terminarás tus roles y objetivos?

- ¿Dónde colocarás tus roles y objetivos para poder verlos a menudo? Sugerencia: Colócalos en la parte frontal del planificador semanal de Becoming Your Best.

- ¿Con quién compartirás tus roles y cuándo lo harás?

Estas son las preguntas para empezar. Te invitamos a descargar la plantilla de roles y objetivos, reservar tiempo en tu agenda para rellenarla y comprometerte a finalizarla en un plazo determinado para compartirla con otras personas. Cuando la termines, imprímela y colócala en un lugar donde la veas a menudo.

Ahora toca pasar a la planificación previa de la semana, que a nuestro modo de ver es el hábito más importante, ya que lo reúne todo y convierte tu visión y objetivos en una realidad a nivel diario y semanal.

PREGUNTAS DE REFLEXIÓN PARA ESTE CAPÍTULO:

1. ¿Cuál fue la experiencia al desarrollar tus roles y objetivos?

2. ¿Cuáles son tus roles más importantes?

3. ¿Cuáles son algunos de los cuatro objetivos (como máximo) que te has fijado para cada rol?

4. ¿Quién crees que podría beneficiarse de este proceso de desarrollo de roles y objetivos (hijos, pareja, miembros del equipo)? ¿Por qué?

5. Si compartes tus roles y objetivos, ¿con quién lo harás?

7

El poder de la planificación previa de la semana

Antes de que el piloto tome el mando de la cabina, se realiza siempre una *planificación prevuelo*. En el mundo de la aviación de combate, se necesitan entre una y diez horas para planificar una sola misión, en función de su complejidad. La planificación prevuelo incluye investigar el objetivo o destino, la ruta, comprobar las condiciones climáticas, los registros de mantenimiento de la aeronave, etc.

Imagina qué ocurriría si el piloto dijera: «Déjalo, no nos hace falta la planificación prevuelo; hoy nos saldrá todo de maravilla». Estallaría el caos, la confusión y el desorden. ¡Mala idea!

¿Cuántas veces abordamos la semana sin ningún plan y esperamos resultados distintos? De la misma forma en que la *planificación prevuelo* es esencial para el piloto, la *planificación previa de la semana* es igual de esencial para tomar el mando de nuestras vidas y hacer lo que más importa. Si el piloto quiere tener éxito, necesita la planificación prevuelo. ¿Cuántos éxitos nos perdemos por no abordar la vida personal y profesional como los pilotos y elaborar una planificación previa de la semana de forma regular? En lo tocante al rendimiento y la productividad, la planificación previa de la semana es la *piedra angular*, la más importante de la estructura. La planificación previa de la semana es lo que lleva a la visión y los objetivos a hacerse realidad. La planificación previa de la semana es la clave para programar tus prioridades en lugar de priorizar tu agenda.

Si un día nos cruzáramos por la calle y nos preguntaras «¿Qué hábito debo aplicar para cambiar mi vida de forma garantizada?», nuestra respuesta, el 100 % de las veces, sería la planificación previa de la semana. Cuando la gente desarrolla este hábito, se dan cuenta de que su vida cambia a mejor. La productividad y el rendimiento aumentan; las relaciones y la salud mejoran; el estrés y la saturación de tareas se reducen.

En el espíritu de *lo bueno, lo mejor y lo excelente*, te invitamos a comprobar cómo la planificación previa de la semana puede mejorar el enfoque de planificación que usas actualmente. Si utilizas notas adhesivas o una lista de tareas pendientes, la planificación previa de la semana te hará ir un paso más allá. No importa cuál sea tu cargo o puesto; todos los trabajadores pueden beneficiarse de la simplicidad de este método.

Años atrás, nos reunimos con el equipo ejecutivo de uno de los mayores distribuidores de PepsiCo de Estados Unidos. Cada uno de los directivos elaboró un borrador de su visión personal escrita, así como de sus roles y objetivos. La energía e ilusión se palpaban en el aire.

Pasamos a la planificación previa de la semana, paso a paso. Cada uno dedicó entre cinco y diez minutos a la planificación previa de la semana. Uno de los ejecutivos, llamémosle John, de casi 60 años, se propuso llamar a su hijo como objetivo de su rol como padre. Era un ejecutivo experimentado que trabajaba para PepsiCo desde hacía décadas.

No es inusual marcarse este objetivo en este tipo de rol, pero le preguntamos las razones. Nos explicó que no había hablado con él en años. Era evidente que este problema le preocupaba desde hacía tiempo. «Discutimos hace siete años y no hemos hablado desde entonces», explicó. ¡Guau!

Le preguntamos cuándo realizaría la llamada esa semana y se comprometió a hacerlo el miércoles por la tarde. Le recomendamos anotar manualmente en su planificación semanal esa cita para las 7 p. m., y así lo hizo.

Seis meses más tarde, en el taller de seguimiento con el mismo equipo ejecutivo, estábamos emocionados por ver cómo le habría ido a John con la llamada. Cuando entramos en la sala, saltó de la silla para saludarnos. Tras un apretón de manos, le preguntamos:

—¿Hiciste la llamada?

—Me daba un miedo tremendo descolgar el teléfono esa tarde —respondió emocionado—. No tenía ni idea de si mi hijo querría hablar conmigo, pero lo hice. Fue increíble, porque en cuanto empezamos a hablar nos dimos cuenta de que ni siquiera recordábamos el motivo de la discusión. Desde entonces, hablamos todas las semanas; ¡somos mejores amigos!

Prosiguió explicándonos que en la primera llamada había descubierto que era abuelo de dos nietos que ni siquiera sabía que existían. Aunque es triste que tardara tanto en retomar el contacto, ¡al menos lo hizo!

Fue interesante escuchar las reflexiones adicionales de John. Nos contó que, durante años, había sabido que tenía que hacer esa llamada, pero se levantaba todos los días pensando que ya lo haría mañana, como sucede con tantas cosas. Las semanas se convirtieron en meses y los meses en años. Quería llamarlo, pero siempre parecía andar demasiado ocupado y seguía aplazándolo. «Desde que he retomado mi relación con él —prosiguió—, mi mundo ha cambiado. Me siento más centrado como ejecutivo, soy mejor líder y he recobrado las energías que había perdido. Es como si me hubiera quitado de encima un peso invisible». Para concluir, reconoció: «Sin la planificación previa de la semana, probablemente jamás le habría llamado. Me ha cambiado la vida en prácticamente todos los sentidos».

Muchos se encuentran en la misma situación de John. Los escenarios pueden ser distintos, pero el desafío es el mismo. Buscan formas de pasar al Q2 y ser proactivos para centrarse en lo que más importa en sus vidas.

En la investigación de más de 1 260 gerentes y ejecutivos que ya mencionamos, el 68 % sentían que priorizar su tiempo era el desafío principal. Con todo, el 80 % carecían de un proceso para ello. La visión, los objetivos y, *especialmente*, la planificación previa de la semana son la respuesta para cerrar esa brecha estadística de la productividad.

Rendimiento y productividad

En capítulos anteriores, mencionamos que las personas que terminan su visión y objetivos y realizan una planificación previa de la semana regularmente experimentan una mejora en el promedio de su rendimiento y productividad del 30 al 50 %. Pero eso solo es parcialmente cierto: ¡la realidad es que la mejora es mucho mayor!

La figura 16 muestra los resultados de nuestro estudio sobre gerentes y ejecutivos que realizaron una planificación previa de la semana durante cinco semanas. Es importante recalcar que estos resultados se dieron *después* de que los participantes desarrollaran su visión y objetivos. En otras palabras, la planificación previa de la semana se llevó a cabo junto con la visión y objetivos, no como un evento aislado. También es importante darse cuenta de que la mayoría de gerentes y ejecutivos del estudio ya habían realizado anteriormente algún tipo de planificación antes de probar la planificación previa de la semana. Con todo, no sentían que sus métodos fueran eficaces. Se basaban en notas adhesivas, listas de tareas u otras formas de planificación para reaccionar al Q1 (y normalmente *solo* se centraban en su agenda laboral).

El eje vertical de la figura 16 analiza los objetivos o actividades semanales, y el horizontal se refiere al número de semanas contabilizadas. La línea superior representa los objetivos o actividades semanales *planificados* previamente, y la inferior indica los *completados* al final de la semana.

Observa bien la figura 16 y, a continuación, compartiremos algunos de los interesantes resultados que revelan lo que ocurre con la mayoría de personas que prueban la planificación previa de la semana.

Figura 16. Los resultados de la planificación previa de la semana en un mes

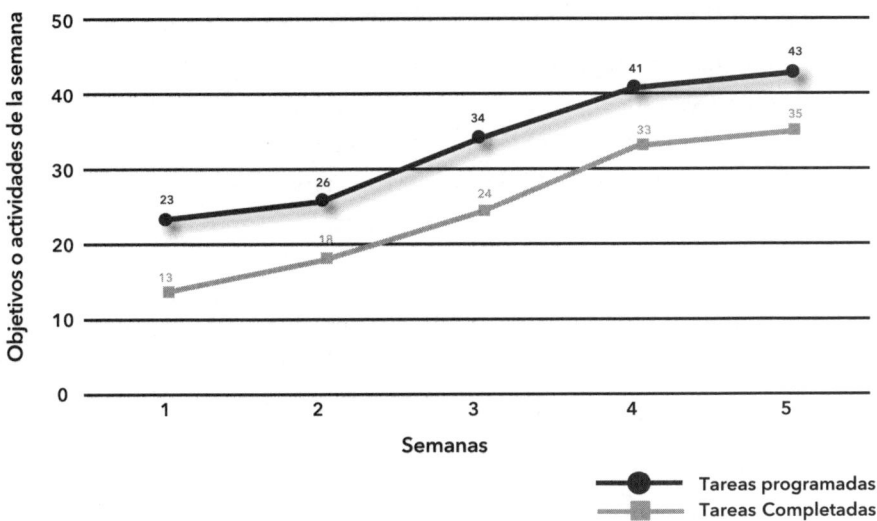

Aumento del rendimiento y la productividad
Actividades semanales planificadas y completadas

Fuente: Becoming Your Best Global Leadership

Estas son algunas de las conclusiones de nuestra investigación:

1. Como todo, la planificación previa de la semana es un conjunto de habilidades. Cuanto más la practiques, mejor te saldrá. Con cada repetición, te resultará más sencilla y menos costosa.

   Nadie atrapa una pelota de *rugby* a la perfección a la primera, y con esta técnica sucede lo mismo. Necesitas practicar la manera *correcta* de hacerlo para poder ejecutarla bien y convertirla en uno de tus hábitos.

   Echa un vistazo a la figura 16. La primera semana se programaron 23 actividades u objetivos de media. Este número aumentó a 41 en la cuarta semana. Como en el ejemplo del *rugby*, eso es el resultado de la práctica. Tras entrenar la técnica durante un par de semanas, el cerebro se acostumbra automáticamente y las ideas fluyen con más facilidad. Con el tiempo, más ideas vienen a la mente y se despierta más creatividad para cada rol, de modo que la productividad y el rendimiento aumentan. Esta familiarización con la planificación previa de la semana es la razón por la que los equipos perciben un aumento significativo en la implicación, el rendimiento y la productividad ya en los primeros 30 días tras implementar los nuevos hábitos.

Crear hábitos nuevos consiste más en la repetición que en el número de días; se trata de trazar un patrón neuronal nuevo. Puesto que desarrollar hábitos nuevos se basa en la regularidad y la repetición, animamos a todo el mundo a comprometerse con la planificación previa de la semana durante todo un año. En cuanto la conviertas en un hábito, ¡no querrás abandonarla!

2. El número de objetivos y actividades *completados* aumentará drásticamente el primer mes de la planificación previa de la semana. Como dijimos en el primer punto, las primeras dos semanas sirven para desarrollar el nuevo proceso. Es un plazo para tantear el terreno y comprobar qué funciona y qué no. Tras la primera o segunda semana, la fase de experimentación termina, nos acostumbramos al proceso e identificamos lo que nos sirve.

   Volvamos a la figura 16. Fíjate en que durante la primera semana solo se completan una media de 13 objetivos o actividades semanales, pero en la cuarta el número incrementa a 33. Esto pone de manifiesto que, con un mes de aplicación regular y correcta, la planificación previa de la semana puede aumentar el rendimiento y la productividad en más de un 100 % de media.

   Además, si lo analizamos a nivel semanal, la planificación previa de la semana genera un aumento medio de la productividad de entre el 15 y el 30 % durante el primer mes. ¡Este tipo de enfoque en hacer lo que más importa es la razón por la que la planificación previa de la semana les encanta a tantos equipos y personas!

3. En general, el rendimiento y la productividad fueron significativamente más altos al combinarse con roles en lugar de aplicando un mero enfoque profesional. Si lo piensas, este incremento general

tiene sentido. Cuando reservamos tiempo para ejercitarnos, leer, meditar, etc., el resto de áreas de nuestra vida también mejoran. Probablemente lo hayas experimentado cuando has empezado a cuidar *de ti*. Es mucho más fácil rendir en el equipo, con tus compañeros y clientes cuando tu casa está en orden. En capítulos anteriores usamos el término *promedio de rendimiento*. Cuando elaboramos una planificación previa de la semana por roles, aumenta el promedio de nuestro rendimiento, es decir, mejoran casi todas las áreas de nuestra vida.

El enfoque en el bienestar general puede parecer evidente, pero para mucha gente el tiempo para el ejercicio, la lectura y la meditación se les escapa de las manos. Sin embargo, al cambiar al pensamiento y planificación del Q2, empiezan a encontrar ese tiempo para las cosas que más importan y, como resultado, su productividad general aumenta.

4. En tan solo un mes, la brecha entre los objetivos y actividades semanales *planificados* y *completados* se reduce significativamente. En la figura 16, en la primera semana de planificación previa de la semana, tan solo el 56 % de los objetivos y actividades semanales planificados se completaron, pero en la cuarta vemos que el porcentaje aumenta al 80 %.

Descubrimos que completar entre el 70 y el 80 % de los objetivos y actividades semanales es lo óptimo. Siempre estallarán incendios en el Q1 que nos obligarán a retocar la agenda, pero la flexibilidad y el cambio forman parte de la semana, y ya los habrás contemplado en tu planificación previa de la semana. Como expectativa, rara vez deberías cumplir el 100 % de tus objetivos y actividades semanales planificados. Si eres de los que siempre quieren marcar todas las casillas de tareas por hacer, concédete el permiso de ser flexible y amoldarte durante la semana.

La planificación previa de la semana nos ayuda a pasar del Q1 —un enfoque reactivo— a uno proactivo en el Q2 para centrarnos en lo que más importa. El cambio al Q2 se traduce en un aumento de la satisfacción y sensación de plenitud, así como en una reducción del estrés.

5. Por último, como ya mencionamos, la planificación previa de la semana resulta mucho más eficaz cuando la alineas con tu visión y

objetivos en lugar de afrontarla como un evento aislado. Cuando termines la visión, desarrolles los objetivos y los consultes semanalmente como parte de la planificación previa de la semana, estarás haciendo algo que menos del 1 % de la población realiza regularmente. Por eso confiamos tanto en nuestra promesa de que estos tres grandes cambiarán tu vida independientemente de cuál sea tu punto de partida.

Aunque siempre es interesante consultar las investigaciones y estadísticas de estos poderosos hábitos, el beneficio real llega cuando ves que transforman a tu equipo y tu familia, y especialmente cuando ves el cambio en tu vida personal. Cada uno de esos números de los objetivos y acciones semanales representa una actividad o tarea significativa que completaste. Cada número implica que hiciste algo para mejorar el equipo, hacer crecer la empresa, cuidar tu salud, cuidar una relación o enriquecer cualquier otra área de tu vida mediante esas actividades esenciales.

Veamos la historia de nuestro amigo Rich. Trabajaba para Schluter Systems, líder en sistemas de instalación de baldosas y piedra. Poco después de implementar los tres grandes, nos envió una nota manuscrita. Hemos resumido sus comentarios para ilustrar lo que ocurre cuando combinamos estos hábitos de visión, roles y objetivos y planificación previa de la semana:

Me llamo Rich. Los conocí hace aproximadamente un año en nuestra reunión de Schluter en Florida, donde formaron a más de 100 de nuestros compañeros. Una de las primeras cosas que nos dijeron en el evento fue que ese día nos iba a cambiar la vida. A mis 64, este gato viejo se mostró algo escéptico. También imparto talleres en Schluter y me pareció que tal afirmación para un grupo tan grande de personas era una promesa arriesgada, pero nuestros líderes confiaban en mí, así que decidí aprovechar el dinero que habían invertido.

Hablaron sobre las cinco cosas más importantes para una vida longeva y saludable, y yo solo aplicaba tres de esos hábitos. Los dos que me faltaban eran la meditación y el sueño. Como resultado de la visión, los objetivos y la planificación previa de la semana, me inscribí en un curso de meditación y empecé a practicarla dos veces al día.

Además, dormir ocho horas diarias siempre me ha resultado imposible, y con los años cada vez más. También me fijé el objetivo de someterme a una prueba del sueño e investigar mis opciones. Me diagnosticaron una apnea, así que me compré un CPAP. Y sí: ¡fue un punto de inflexión! Ahora duermo mejor que nunca y cuento con más energía para el día.

La visión, objetivos y planificación previa de la semana me ayudaron a centrarme en lo que más importa y aplicar cambios significativos en mi vida. Gracias.

Todas esas ideas e intenciones se habían paseado por la mente de Rich desde hacía años, pero fue la combinación de los tres grandes (y una mentalidad dispuesta) lo que lo impulsó a ponerse manos a la obra.

Nicole es una diseñadora comercial que tiene varios hijos pequeños. Compartimos los tres grandes con ella y su marido, Jay, y nos comentaron que su matrimonio se resentía debido a las exigencias de la vida. Su vida personal también la estaba perjudicando en lo profesional. No respondía a las demandas del trabajo como debía y su negocio se debilitaba. Perdía clientes, se sentía saturada y siempre estaba en el Q1; se encontraba en una fase muy retadora de la vida.

Tras aprender sobre los tres grandes, Nicole y Jay decidieron implementarlos. Ambos terminaron sus visiones, roles y objetivos y realizaron regularmente la planificación previa de la semana, exceptuando algunos pocos descuidos. Nicole nos explicó que cuando realiza la planificación previa de la semana se siente en la cresta de la ola: su productividad aumenta y sufre menos estrés. Las relaciones con los clientes mejoraron y su negoció creció mucho. Durante las pocas semanas en que no aplicó la planificación previa de la semana, se sentía estresada, ansiosa e improductiva. Este proceso cambió literalmente la vida de Nicole y Jay, y también atribuyen a los tres grandes la transformación de su matrimonio para volver a prender la llama de su relación. Vivían en el Q1, pero cuando aprendieron sobre los tres grandes se trasladaron al Q2 para centrarse con propósito en lo más importante.

Otro ejemplo del poderoso impacto de la planificación previa de la semana es el de Michelle, una formadora certificada y ejecutiva de una empresa internacional con sede en el Reino Unido. Nos contó lo siguiente:

Es difícil de creer que comencé a aplicar esto hace tan solo un año. La planificación previa de la semana supuso un cambio importante en mi vida. Siempre planificaba y redactaba listas de tareas pendientes, pero nunca las vinculé a mi visión y mis objetivos (y especialmente los roles). Creé una visión y objetivos personales para cada uno de mis roles y, tras un año aplicando este método, justo terminé de usar mi primer planificador semanal. Puedo afirmar con total honestidad que ahora me concentro más y logro metas que siempre me parecieron importantes, pero que posponía o nunca conseguía llevar cabo. Dedico tiempo cada semana a las cosas que me importan y que me impulsan a la consecución de mis objetivos de cara a mi visión personal.

Desde que creé mi visión e implementé la planificación previa de la semana, parece que las cosas simplemente surgen. Ahora sonrío cada vez que sucede algo sin explicación que me impulsa hacia mis metas.

He pedido libros y planificadores para mi equipo y mi familia. Incluso le di uno a mi hijo, que tiene poco más de 20 años, y ahora él también planifica la semana previamente con unos objetivos y visión muy bien definidos y experimenta cosas asombrosas gracias a este enfoque. Si tienes un hijo graduado, ¡sabes lo emocionante que es eso!

Podríamos escribir un libro entero con los correos electrónicos de gente que nos comparte el impacto que los tres grandes han ejercido en sus vidas. Esperamos que, al leer estas experiencias, te animes a creer y confiar en que tú también puedes. Cualquiera que adopte la mentalidad correcta (deseo y disciplina) puede aprender estas habilidades y experimentar transformación.

Antes de aventurarnos a la planificación previa de la semana, es esencial recordar que debemos combinar los tres grandes hábitos para crear la química de la excelencia. La planificación previa de la semana supone un punto de inflexión, pero es exponencialmente más poderosa cuando se alinea con la visión y los objetivos. Esperamos que, en este punto, ya hayas pensado seriamente tu visión y objetivos. Cuando los termines, la planificación previa de la semana alineará tus actividades diarias y semanales con la consecución de tus objetivos. La planificación previa de la semana es el motor de los tres hábitos; es el proceso que aplica la visión y los objetivos a nivel diario y semanal para lograr un progreso tangible.

EL PODER DE LA PLANIFICACIÓN PREVIA DE LA SEMANA

Elementos básicos de la planificación previa de la semana

En primer lugar, es importante entender que la planificación previa de la semana es un proceso, y por eso puedes aplicar ajustes y adiciones que te sirvan. El proceso elemental de la planificación previa de la semana es lo que la convierte en poderosa. No obstante, si sientes que quieres añadir ciertas cosas —como escribir una nota diaria de gratitud o las lecciones aprendidas—, puedes personalizar el proceso según te resulte útil. Hemos invertido miles de horas en la investigación para delimitar el proceso elemental a unos pocos pasos sencillos.

Antes de examinar los pasos, también es importante tener en cuenta que algunas personas emplean planificadores de papel, mientras que otras se valen de calendarios en línea. No importa lo que uses, porque la clave es el *proceso*. La planificación previa de la semana es la misma independientemente de si la realizas en línea o en papel.

Para quienes usan un planificador físico, el nuestro se adapta al hábito de la planificación previa de la semana. Contiene un espacio para la visión personal, los roles y los objetivos, y proporciona una vista semanal para una planificación de las 52 semanas. Puedes escoger un planificador con fechas o sin ellas, lo que más útil te parezca. Los planificadores físicos son herramientas sencillas que nos ayudan a desarrollar el hábito más fácilmente y refuerzan la sensación de responsabilidad del proceso.

Independientemente de lo que uses, es habitual preguntarse cuál es el mejor momento para la planificación previa de la semana. Te recomendamos que escojas un momento en que te vaya bien y que lo mantengas con regularidad. El proceso suele requerir entre 20 y 45 minutos, y la mayoría de personas con horarios de trabajo convencionales reservan tiempo entre el viernes por la tarde y el domingo por la noche. Si esperan hasta la mañana del lunes suele ser demasiado tarde, ya que el incendio de la semana ya ha estallado y se encuentran de frente con el Q1. Dicho esto, si por alguna razón un día no elaboras tu planificación previa de la semana durante el fin de semana, es mejor hacerlo el martes o el miércoles para el resto de la semana que no hacerlo.

Te invitamos a pensar ahora mismo en la hora que mejor te va y configurar la alarma o el recordatorio del teléfono. En ese recordatorio escribe las palabras «planificación previa de la semana». La alarma te servirá de recordatorio para conectar la intención con el desarrollo del nuevo hábito. Las personas que activan alarmas o recordatorios tienen muchas más probabilidades de desarrollar el hábito de la planificación previa de la semana.

Por último, mucha gente se plantea preguntas sobre la planificación previa de la semana con los compañeros o equipo. Para la planificación previa de la semana como equipo, hemos detectado que resulta mucho más eficaz cuando todo el equipo la completa antes del lunes por la mañana. Invitamos a casi todos los equipos con los que trabajamos a reunirse semanalmente al inicio de la semana para asegurarse de que todo el mundo avanza en la misma dirección. Los equipos que celebran este tipo de reuniones y donde todo el mundo realiza la planificación previa de la semana *antes* de la reunión trabajan más alineados y en cooperación, y dedican entre el 60 y el 75 % de su tiempo al Q2 y mucho menos al Q1 y el Q3. ¿El resultado? Un rendimiento, productividad y alineación en el equipo significativamente más altos.

¡La planificación previa de la semana supone un punto de inflexión!

Anteriormente, hemos indicado que durante el primer mes es probable experimentar un aumento de entre un 30 y un 50 % en el rendimiento y la productividad. Piensa en lo que significa eso para ti y los miembros de tu equipo. Desde el punto de vista profesional, se traduce en un mejor liderazgo, mayor productividad, más rentabilidad, un mejor ambiente laboral, un equipo más alineado, mayores ventas, una cultura mejorada y una plantilla más comprometida. En lo personal, se traduce en mejoras en la salud y las relaciones, alineación con tu auténtico yo, más equilibrio y un sentido más profundo de paz y enfoque.

Las personas con las que hemos trabajado agradecen las historias de personas comunes que comenzaron a planificar previamente la semana y el impacto que tuvo en sus vidas. Estas historias permiten hacer cercana su experiencia, generar nuevas ideas y transmitir la confianza y el entusiasmo necesarios para comprometerse con la planificación previa de la semana. Con ese mismo espíritu, nos gustaría compartir algunas historias sobre cómo la planificación previa de la semana ha ayudado a gente común a hacer cosas aparentemente pequeñas que han producido resultados extraordinarios.

La primera historia trata sobre una mujer llamada Christine. Nos dijo que tenía la intención de preparar una cita especial para celebrar el cumpleaños de su hija, que fue septiembre. Nos contó esta historia en marzo, seis meses después del cumpleaños, y todavía no lo había conseguido. Christine nos comentó que se le había escapado el tiempo y que había estado «demasiado ocupada».

Evidentemente, se sentía mal por haber pospuesto tanto la cita de cumpleaños, así que tenía muchas ganas de aprender sobre la planificación previa de la semana. Buscaba algo que la ayudara a priorizar el tiempo y escapar de la rutina del Q1. Confiaba en que sería la respuesta que la ayudaría a tomar el control de su agenda para no volver a perder oportunidades de este tipo.

Tres semanas después de empezar con la planificación previa de la semana, nos envió un mensaje: «¡Me encanta este método! Por primera vez, no me siento estresada y consigo más de lo que había imaginado. Es relativamente fácil y marca una diferencia descomunal. Les alegrará saber que pude llevar a mi hija a esa pospuesta cita de madre e hija, y fue genial. ¡Gracias, *muchísimas gracias*!».

¿Cuántas veces te has sentido como Christine? Había algo importante que debías hacer, pero lo retrasaste y nunca lo cumpliste. La planificación previa de la semana no solo ejerció un impacto en Christine, sino también en su hija. ¿Cuán importante crees que fue esa cita para ella?

Veamos otro caso. Nos encontrábamos en Kigali, Ruanda, impartiendo un taller para cientos de personas; algunas de ellas eran universitarios y otras eran líderes empresariales de éxito. Fue una experiencia increíble para nosotros pasar ese tiempo con tal extraordinario grupo de personas. Veinticinco años atrás, el país había sufrido un terrible genocidio en el que 1,4 millones de ciudadanos fueron asesinados.

En nuestra visita, tuvimos la ocasión de conocer personalmente al presidente del país y escuchar sobre la increíble transformación que la nación había experimentado desde el genocidio: se había transformado en una tierra de oportunidades. En el momento en que escribimos este libro, es el quinto país más seguro del mundo, la economía con el segundo crecimiento más rápido de África y se ha producido una alineación sin precedentes en todo el país. Huelga decir que es un lugar extraordinario y que fue un privilegio visitarlo.

Los asistentes procedían de una amplia gama de distintos contextos y experiencias. Entre ellos, se encontraba un joven gerente de menos de treinta años llamado Samuel Yesashimwe. Nos pareció un tipo serio y dispuesto a hacer lo que fuera necesario para prosperar. Meses después del encuentro en Ruanda, nos escribió un correo electrónico para comunicarnos lo siguiente:

> Aprender sobre los tres grandes supuso un cambio de vida. Suelo ser organizado, pero tras aprender este método fui un paso más allá. Terminé mi visión y objetivos y empecé a realizar la planificación previa de la semana. Mi productividad aumentó en al menos un 30 %, y los resultados son increíbles. En abril conseguí un ascenso y dirigí el programa IBM CSC en Ruanda. Era un proyecto nuevo y había mucho trabajo que hacer, así que seguramente habría fracasado de no ser por la excelente planificación y las habilidades de gestión.
>
> A nivel personal, uno de los ejercicios durante la conferencia consistía en desarrollar nuestros roles y objetivos del año. Siempre quise asistir a la universidad de posgrado en otro país, pero nunca creí que fuera posible. Tenía tres centros en mente: Standford, la Universidad Cristiana de Oklahoma y la London Graduate School of Business. Me complace anunciarles que *hoy es mi primer día en el programa de máster de la Universidad Cristiana de Oklahoma.*
>
> He experimentado muchísimas cosas desde que aplico estas herramientas. ¡Que Dios les bendiga!

Cuando recibimos su mensaje, nos sentimos eufóricos por él.

Samuel sabía lo que quería y le rondaba por la mente desde hacía tiempo. Todos hemos procrastinado y pospuesto cosas que sabíamos que eran importantes. De forma similar, Samuel seguía retrasando estas importantes ideas mes tras mes y año tras año. Cuando se centró en los tres grandes, por fin se puso manos a la obra. Desarrolló el objetivo de enviar solicitudes a las tres facultades para el 1 de octubre. Cada semana, como parte de la planificación, hacía algo que lo ayudara a cumplir ese objetivo. Por ejemplo, una semana recabó cartas de recomendación, la siguiente escribió las cartas de ensayo, y la otra pidió a alguien que revisara sus solicitudes. La combinación de la visión, los objetivos y la planificación previa de la semana fue lo que ayudó a Samuel a centrarse en lo que más importaba y empezar a trabajar por ello. Su visión era clara y tenía objetivos específicos para hacerla realidad, y la planificación previa de la semana lo ayudó a ir siempre unos pasos por delante (en el Q2) para alcanzar sus metas.

Compartiremos un último ejemplo sobre nosotros mismos. Steve lleva casi 40 años empleando el método de la planificación previa de la semana, y Rob unos 24. De la misma forma que ha cambiado la vida de otros, también ha cambiado la nuestra. De hecho, nos atrevemos a decir que sin nuestra visión, objetivos y planificación previa de la semana nuestra vida habría sido un completo caos.

Hace aproximadamente un año, Rob viajó a Indianápolis para impartir una formación a 300 emprendedores y líderes empresariales. Durante la planificación previa de la semana anterior al evento, Rob escribió en el rol de padre: «Escribir una nota a Lana». Cada semana piensa en algo distinto para sus hijos, y esta vez quería escribirle una nota a Lana.

Hacía un día estupendo y Lana ya había salido de casa para dirigirse al colegio. Antes de subirse al auto para ir al aeropuerto, Rob dedicó un minuto a escribirle una nota diciéndole cuánto la quería y se la dejó en la cama.

A la noche siguiente, Rob se encontraba en el avión para regresar a casa. Ya era tarde y no llegaría hasta la medianoche. Acababa de sentarse cuando su celular vibró. Había recibido un mensaje de su mujer. Se lo sacó del bolsillo y leyó el mensaje: «Sé que llegarás tarde y la casa estará a oscuras, así que te aviso para que no te pierdas la nota especial de Lana. Se ha escabullido en nuestra habitación y la ha dejado en la cabecera de nuestra cama» (véase la figura 17).

Figura 17. La nota de Lana

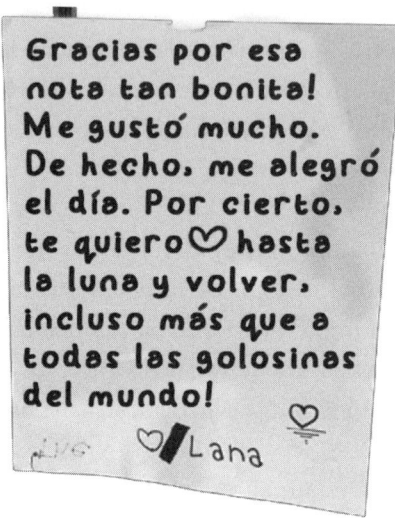

Fue un momento especial para Rob, y una lágrima le recorrió las mejillas. Le dio las gracias a su mujer por el mensaje y guardó el teléfono. Por muchas cosas geniales que hubieran sucedido ese día, ninguna llegaba al nivel de la nota de su hija.

Este intercambio de notas continuó durante varias semanas y se convirtió en un divertido juego para ellos.

La razón por la que lo compartimos es que a Rob le llevó menos de un minuto escribir esa nota a Lana. Fue ese intercambio breve y significativo de notas lo que creó fascinantes recuerdos. ¿Habría escrito Rob esa nota sin su planificación previa de la semana? ¡Probablemente no!

¿Cuántas oportunidades tenemos para hacer cosas tan aparentemente sencillas? ¿Cuál sería el impacto a largo plazo de hacerlas?

Estamos lejos de ser perfectos, y por eso con mayor razón aún podemos beneficiarnos de la visión, los objetivos y la planificación previa de la semana. Son estos hábitos los que nos ayudan a centrarnos en lo que más importa y agendar proactivamente nuestras prioridades.

Resumen

Zig Ziglar dijo sabiamente: «Creo que conseguir el éxito significa lograr un equilibrio de historias de éxito en muchas áreas de la vida. No puedes considerarte exitoso en los negocios si tu hogar es un caos». Creemos que el espíritu de esta cita de Zig connota que el promedio de rendimiento personal aumenta cuando contamos con un equilibrio de historias de éxito. ¿Recuerdas a John, el ejecutivo de PespiCo? Cuando recuperó la relación con su hijo, todas las áreas de su vida mejoraron.

Los líderes y empleados anhelan un proceso que los ayude a organizar su tiempo y hacer lo que más importa. La planificación previa de la semana, junto con la definición de una visión y unos objetivos, es el proceso para cerrar la brecha y mejorar drásticamente el rendimiento y la productividad del equipo.

La combinación de los tres grandes es lo que te empoderará para tomar el mando de tu vida y vivir por diseño.

En el próximo capítulo aprenderemos *cómo* realizar la planificación previa de la semana.

PREGUNTAS DE REFLEXIÓN PARA ESTE CAPÍTULO:

1. ¿Cómo podría impactar tu vida la planificación previa de la semana?

2. ¿Qué pensaste acerca del tiempo y la planificación previa de la semana al leer este capítulo?

3. ¿Cuál sería el impacto de ayudar a tus compañeros o miembros del equipo a priorizar su tiempo con la planificación previa de la semana?

8

Cómo hacer la planificación previa de la semana

A continuación te presentamos cuatro pasos sencillos para la planificación previa de la semana. Puedes remitirte a la plantilla del planificador semanal en blanco de la figura 18 o a la plantilla completa de la figura 19 mientras analizamos cada uno de estos pasos.

Quienes prefieran una plantilla de planificación previa de la semana para practicar mientras leen el capítulo pueden visitar BYBGoals.com e imprimir la que encontrarán allí. Pueden ir siguiendo cada paso para comprobar la efectividad de este proceso en sus vidas.

Figura 18. Plantilla en blanco para la planificación previa de la semana

% DE PRODUCTIVIDAD SEMANAL

POR HACER

Planificación previa de la semana
1. Revisa tu visión, objetivos anuales y calendario.
2. Escribe tus roles (personal, laboral, familiar, etc.).
3. Establece elementos de acción para cada rol.
4. Programa una hora para cada elemento de acción.

JUEVES 31 NOCHEVIEJA

VIERNES 1 AÑO NUEVO

SÁBADO 2

DOMINGO 3

Motivación para la semana

«Las acciones expresan prioridades».

— Mahatma Gandhi

6 am / 7 am / 8 am / 9 am / 10 am / 11 am / MEDIODÍA / 1 pm / 2 pm / 3 pm / 4 pm / 5 pm / 6 pm / 7 pm / 8 pm

PRINCIPIO DE LA SEMANA:

28-31 DIC; 1-3 ENE

2022

Roles | Personal

ELEMENTOS DE ACCIÓN

POR HACER

28 LUNES
6 am / 7 am / 8 am / 9 am / 10 am / 11 am / MEDIODÍA / 1 pm / 2 pm / 3 pm / 4 pm / 5 pm / 6 pm / 7 pm / 8 pm

29 MARTES
6 am / 7 am / 8 am / 9 am / 10 am / 11 am / MEDIODÍA / 1 pm / 2 pm / 3 pm / 4 pm / 5 pm / 6 pm / 7 pm / 8 pm

30 MIÉRCOLES
6 am / 7 am / 8 am / 9 am / 10 am / 11 am / MEDIODÍA / 1 pm / 2 pm / 3 pm / 4 pm / 5 pm / 6 pm / 7 pm / 8 pm

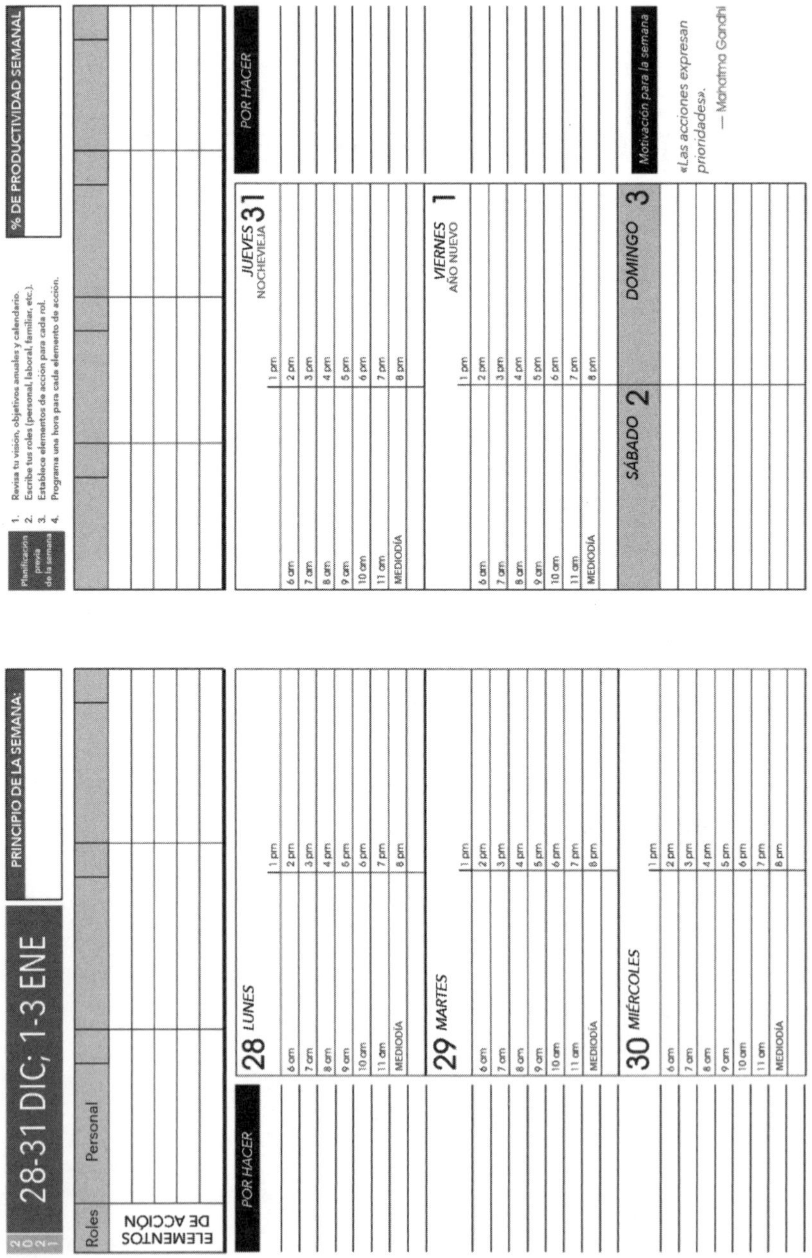

Fuente: Becoming Your Best Global Leadership

Figura 19. Ejemplo de plantilla completada

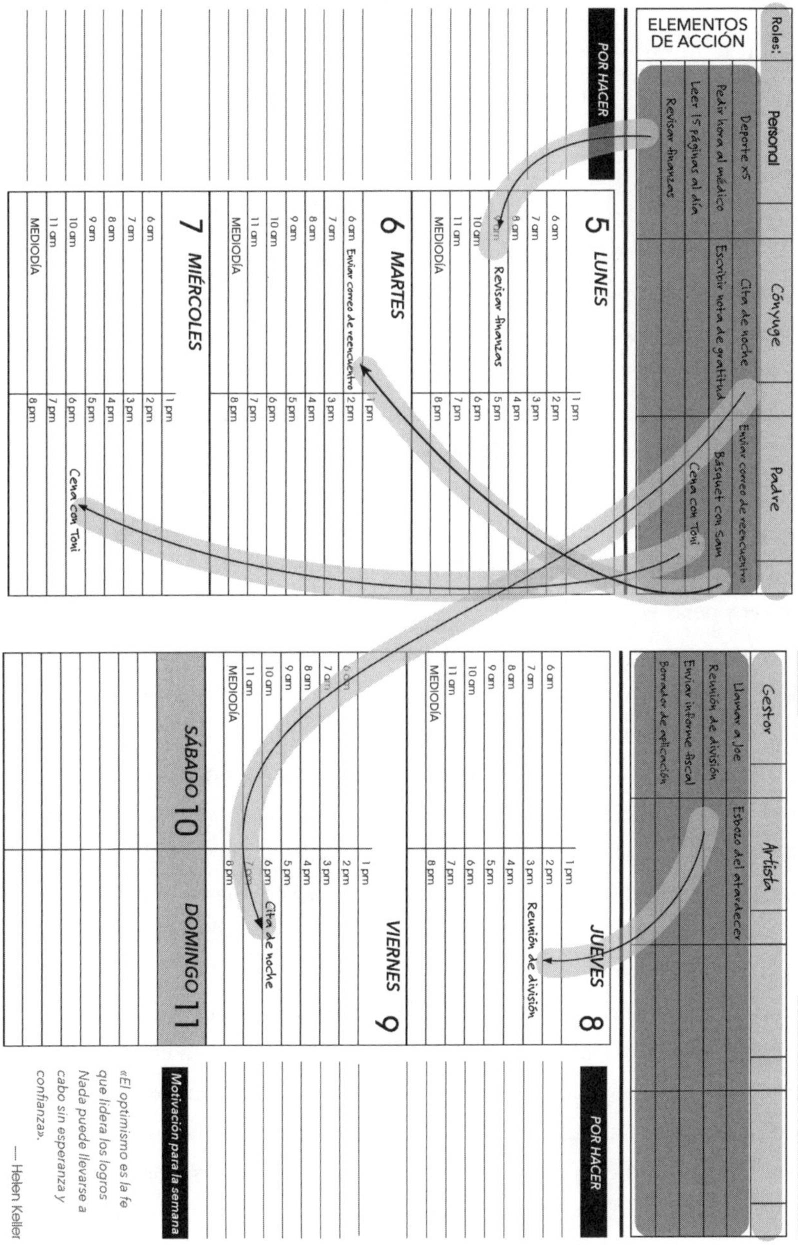

Roles: Personal · Cónyuge · Padre · Gestor · Artista

ELEMENTOS DE ACCIÓN

- Personal: Deporte x5 · Pedir hora al médico · Leer 15 páginas al día · Revisar finanzas
- Cónyuge: Cita de noche · Escribir nota de gratitud
- Padre: Enviar correo de reencuentro · Básquet con Sam · Cena con Toni
- Gestor: Llamar a Joe · Reunión de división · Enviar informe fiscal · Borrador de aplicación
- Artista: Espeto del atardecer

POR HACER

5 LUNES — 6 am · 7 am · 8 am *Revisar finanzas* · 10 am · 11 am · MEDIODÍA · 1 pm · 2 pm · 3 pm · 4 pm · 5 pm *Escribir nota de gratitud* · 6 pm · 7 pm · 8 pm

6 MARTES — 6 am *Enviar correo de reencuentro* · 7 am · 8 am · 9 am · 10 am · 11 am · MEDIODÍA · 1 pm · 2 pm · 3 pm · 4 pm · 5 pm · 6 pm · 7 pm · 8 pm

7 MIÉRCOLES — 6 am · 7 am · 8 am · 9 am · 10 am · 11 am · MEDIODÍA · 1 pm · 2 pm · 3 pm · 4 pm · 5 pm · 6 pm *Cena con Toni* · 7 pm · 8 pm

8 JUEVES — 6 am · 7 am · 8 am · 9 am · 10 am · 11 am · MEDIODÍA · 1 pm · 2 pm · 3 pm *Reunión de división* · 4 pm · 5 pm · 6 pm · 7 pm · 8 pm

POR HACER

9 VIERNES — 6 am · 7 am · 8 am · 9 am · 10 am · 11 am · MEDIODÍA · 1 pm · 2 pm · 3 pm · 4 pm · 5 pm · 6 pm *Cita de noche* · 7 pm · 8 pm

10 SÁBADO

11 DOMINGO

Motivación para la semana

«El optimismo es la fe que lidera los logros. Nada puede llevarse a cabo sin esperanza y confianza».

— Helen Keller

Planificación previa de la semana

1. Revisa tu visión, objetivos anuales y calendario.
2. Escribe tus roles (personal, laboral, familiar, etc.).
3. Establece elementos de acción para cada rol.
4. Programa una hora para cada elemento de acción.

% DE PRODUCTIVIDAD SEMANAL

Fuente: Becoming Your Best Global Leadership

123

Paso 1. Revisa tu visión, roles y objetivos y calendario a largo plazo

Tómate unos minutos para revisar tu visión y objetivos y pregúntate qué puedes hacer esta semana para adelantar la consecución de tus objetivos. Esta revisión implica observar tu visión y objetivos al menos una vez por semana, lo que te situará en una posición de élite a nivel estadístico.

Puede que para algunos objetivos no puedas hacer nada esta semana. Para otros, es importante que hagas cosas concretas. Por ejemplo, quizá uno de ellos en tu rol como padre es celebrar una reunión familiar para el 1 de octubre. Cuando realices tu planificación previa de la semana, quizá no tengas que hacer nada ahora mismo en relación con este objetivo. Pero si estás en abril, probablemente es momento de dar ciertos pasos para cumplirlo. Quizá una las acciones que puedes realizar es enviar un correo S. R. C. a todos los miembros de tu familia con un esbozo del plan para la reunión.

En este simple ejemplo, vemos cómo impedir procrastinar y acabar en el Q1 al avanzarnos a los acontecimientos en el Q2. Es importante tener un objetivo, pero la planificación previa de la semana es lo que nos ayuda a conectar las acciones con la consecución del mismo. Otros objetivos, como los de salud o ventas, pueden requerir actuaciones cada semana. Por eso el paso 1 se basa en la visión y los objetivos.

En la parte frontal de nuestro planificador semanal encontrarás una sección para escribir tu visión y objetivos. Diseñamos el planificador para que sea una ventanilla única donde puedas revisar fácilmente tu visión y objetivos cada semana. Si haces tu planificación previa de la semana en el ordenador, es esencial que tengas tu visión y objetivos en un lugar accesible para que puedas revisitarlos cada semana.

Como mencionamos anteriormente, la planificación previa de la semana es un proceso que puede realizarse aisladamente y ejercer un gran efecto en el rendimiento y la productividad, pero es mucho más poderoso cuando las acciones diarias y semanales se alinean con la visión y los objetivos a largo plazo.

Por último, como parte del primer paso, te recomendamos revisar brevemente tu calendario a largo plazo; de este modo, podrás mantenerte en el Q2.

Por ejemplo, suele ser mejor reservar un vuelo con tiempo para poder comprar el billete que quieres, al mejor precio y con el asiento que más te guste. El enfoque Q2 es una alternativa mucho mejor que esperar hasta el día antes del viaje (Q1), pagar más por el boleto y sentarte donde te asignen.

Paso 2. Escribe tus roles

Tal como hiciste con tu visión y objetivos, identifica entre cinco y siete roles que sean importantes para ti. Este enfoque te ayudará a planificar la semana a través del prisma de lo que más te importa en cada rol. Planificar la semana con esta perspectiva es una de las principales diferencias entre este proceso de planificación y el resto.

La figura 20 muestra algunos de los roles que podrían redactarse.

Figura 20. Escribe tus roles

Roles:	Personal	Cónyuge	Padre	Gestor	Artista

Incluso si utilizas calendarios electrónicos (Google, Outlook, etc.), es esencial que estos pasos los realices en una hoja de papel. Hemos conversados con varios neurocientíficos destacados a nivel mundial y todos coinciden en que al escribir desbloqueas cierta parte del cerebro que permanece inactiva y que no se libera al teclear.

Si utilizas nuestro planificador semanal, escribe los roles en la fila gris de la parte superior. Como verás, el rol personal ya está escrito; como mencionamos antes, es el más importante. En él, pensarás sobre ti mismo a través de las lentes de lo que haces esta semana para cuidarte física, mental, emocional y espiritualmente. En otras palabras, el rol personal se basa en cuidar *de ti* esta semana.

En griego existen dos términos para referirse al tiempo: *kairos* y *chronos*. El primero se centra en las prioridades (roles) y el segundo, en el tiempo en sí. La mayoría de planificadores se preocupan solo del tiempo (*chronos*). La planificación previa de la semana reúne el *kairos* y el *chronos* para que te enfoques tanto en las prioridades como en el tiempo. La planificación previa de la semana —observar tu semana a través del prisma de tus diferentes roles— es lo que te permite vivir por diseño, agendar tus prioridades y hacer lo que más importa. Para mucha gente, este enfoque basado en los roles supone un gran cambio, porque ir más allá de su rol profesional es totalmente nuevo para ellos.

Paso 3. Prepara acciones para cada rol

Ya sea que te refieras a ellos como *acciones* u *objetivos semanales*, la cuestión es que para elaborarlos necesitas dar rienda suelta a una lluvia de ideas por tu cuenta para determinar lo que más importa esta semana para cada rol. Imagina lo poderoso que puede ser sentarte cada semana durante unos minutos e identificar las acciones específicas importantes para cada rol. El paso 3 es el más esencial para la planificación previa de la semana, y puede mejorar casi todo lo que ya estés haciendo sobre planificación.

La figura 21 muestra una plantilla de ejemplo con acciones u objetivos semanales para cada rol.

Figura 21. Prepara acciones para cada rol

Roles:	Personal	Cónyuge	Padre	Gestor	Artista
ACTION ITEMS	Deporte x5	Cita de noche	Enviar correo de reencuentro	Llamar a Joe	Esbozo del atardecer
	Pedir hora al médico	Escribir nota de gratitud	Básquet con Sam	Reunión de división	
	Leer 15 páginas al día		Cena con Toni	Enviar informe fiscal	
	Revisar finanzas			Borrador de aplicación	

Este paso establecerá la mayor parte de tu tiempo y enfoque en el Q2. Volvamos al ejemplo de las pelotas de pimpón: debemos determinar qué colocas primero en la pecera, lo que más te importa para cada rol. Si tomamos el ejemplo del arquero, el paso 3 equivaldría a identificar el blanco de cada rol para esa semana. A continuación encontrarás ilustraciones de los ejemplo anteriores (véanse las figuras 22 y 23).

Figura 22. El ejemplo de las pelotas de pimpón

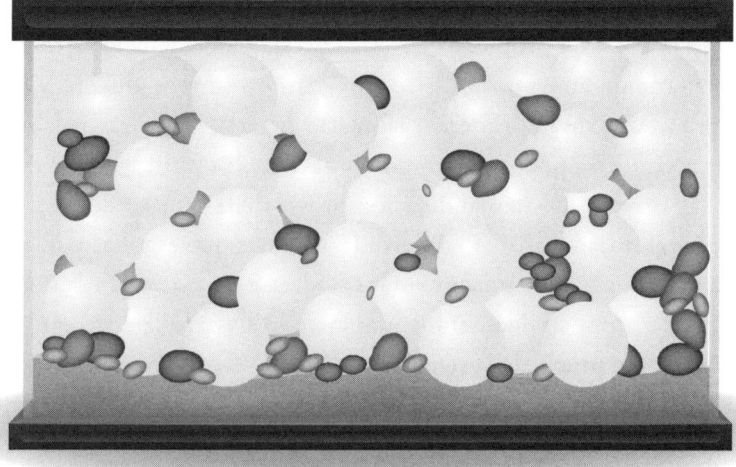

Fuente: Becoming Your Best Global Leadership

Figura 23. El ejemplo de la diana

Fuente: Becoming Your Best Global Leadership

La planificación previa de la semana es dinámica: cada semana es diferente a la anterior y, por tanto, es posible que se requiera un número distinto de acciones para cada rol. El gráfico del capítulo anterior presenta un seguimiento de la persona promedio en el curso de cinco semanas. Tal persona experimentaría un aumento drástico y regular en su rendimiento y productividad al avanzar de la primera a la cuarta semana. En otras palabras, está bien empezar poco a poco, con un par de acciones por cada rol. Sin embargo, cuando hayas realizado la planificación previa de la semana dos o tres veces se te ocurrirán más ideas y el número de acciones que escribas para cada rol aumentará. Este patrón para aumentar las ideas es la razón por la que el rendimiento y la productividad aumentan cuando desarrollamos regularmente una planificación previa de la semana.

No te hace falta definir un número concreto de acciones por cada rol. Tal vez, en tu rol como cónyuge solo se te ocurran dos esta semana, pero son de alta prioridad, como «salir a cenar» o «escribir una nota de amor». A la vez, puede que des con ocho o nueve acciones para tu rol profesional que también consideres de alta prioridad. Tu filtro debería ser el de *hacer lo que más importa*. Pregúntate si lo que escribes son ideas y actividades del tipo Q2.

Los siguientes ejemplos son acciones semanales hipotéticas de algunos de los roles más habituales. Solo son ejemplos y no se llevarían a cabo en una misma semana:

Personal: Correr tres veces, completar dos ejercicios de *cross-training*, practicar yoga dos veces, leer cinco capítulos de *Start with the Vision*, meditar dos veces, programar una revisión médica, inscribirme a un curso en línea, inscribirme a la carrera de 5 km de septiembre, etc.

Gerente: Llevar a un miembro del equipo a almorzar, terminar la primera parte del plan estratégico de nuestra división, celebrar una reunión de *continue-start-stop* con el equipo, terminar el informe analítico del mes pasado, enviar una nota de cumpleaños a X (un cliente clave), revisar la orden de compra, programar una sesión de *coaching* con (nombre), etc.

Cónyuge o pareja: Salir a cenar, escribir una nota, enviar flores, salir de excursión, hacer la cama, cambiar los neumáticos, comprar el nuevo sillón que me pidió, comprar billetes de avión para las vacaciones, etc.

Padre/madre: Salir a cenar con (nombre), salir de excursión con la bici, ayudarle a construir un fuerte, escribir una nota, comprar helado, jugar al baloncesto, tener una charla individual, revisar roles y objetivos, llamar a (nombre), etc.

Como puedes ver, a pesar de que cada una de estas acciones es simple, al combinarse pueden transformar la vida de una persona. Piensa en John, de PepsiCo, que decidió llamar a su hijo. ¡Esa sencilla acción resolvió una relación rota y le cambió la vida!

El verdadero poder de la planificación previa de la semana se encuentra en el paso 3; por eso el acto de escribir las acciones de cada rol es tan importante. ¡Esta lluvia de ideas semanal por tu cuenta dedicada a cada rol es transformadora!

Paso 4. Asigna una hora a cada acción

Cuando hayas planificado tus acciones por cada rol, será el momento de concretarlo todo. Como puedes ver en la figura 24, puedes asignar un tiempo a cada elemento.

Ya sea que uses nuestro planificador semanal o un calendario electrónico, en este paso debes asignar un tiempo a cada acción.

Volvamos al ejemplo anterior del rol parental. Si planeas enviar una invitación para una celebración por correo electrónico a tu familia, piensa en el día y la hora en que lo harás. En la figura 24, asignamos esa acción a las 6 a. m. del martes. Del mismo modo, en el rol de gerente, imagina que planeas verte con alguno de los miembros de tu equipo, trazar un plan estratégico para la división, llamar a un cliente importante y dirigir una sesión de *feedback*. ¿Cuándo harás todas esas cosas esta semana?

En definitiva, debes asignar una hora concreta para llevar a cabo cada acción que se te ocurra en el paso 3.

• • • •

Reiteremos los cuatro sencillos pasos para realizar eficazmente la planificación previa de la semana: revisa tu visión/objetivos, identifica tus roles, determina lo que más te importa en cada rol esta semana y asigna tiempo a cada acción. Puedes incorporar cientos de variaciones a la planificación previa de la semana, pero es importante que estos cuatro pasos sean el proceso elemental. Es lo que marca la diferencia entre este proceso y el resto de los que existen.

Si quieres realizar un seguimiento de tu propio progreso y rendir cuentas por ello, hemos creado una forma muy sencilla para hacerlo. En el extremo superior derecho de nuestro planificador, puedes realizar un seguimiento de todas las actividades que planeaste durante la semana divididas por el número total de las que completaste. Esto te brindará lo que conocemos como *cociente de productividad*. Idealmente, debería encontrarse en un intervalo del 70 al 80 %. Si cae por debajo del 70 % tienes que investigar por qué. ¿Estás sobreprogramando? ¿No dejas espacio para la flexibilidad en el Q1? ¿Estás procrastinando? El cociente de productividad es una de las muchas maneras de rendirte cuentas a ti mismo y medir tu productividad.

Actúa

Un cirujano ortopédico y exitoso hombre de negocios definió sabiamente la planificación previa de la semana como «simple, pero no fácil». Recalcó que el proceso es simple, pero mantener el hábito semanalmente puede suponer todo un reto. La planificación previa de la semana requiere un serio compromiso para apartar el tiempo necesario cada fin de semana. Las semanas en que dicho cirujano realiza la planificación previa se vuelven altamente productivas, pero cuando falla, el estrés impera y la productividad merma.

No es el único que reconoce que no se trata de un hábito fácil de desarrollar. Intentar desarrollar hábitos nuevos es difícil, por mucho que el hábito en cuestión sea poderoso. Este en concreto requiere disciplina, es decir, *hacer lo correcto en el momento oportuno independientemente de cómo nos sintamos al respecto*. Si lo hacemos con regularidad, la suma de cada pequeña acción en nuestros roles transforma nuestras vidas personales y profesionales.

El mejor momento para empezar la planificación previa de la semana es ahora mismo; ¡esta semana! Te invitamos a aplazar lo que sea que tengas entre manos y planificar el resto de la semana. Agarra una hoja de papel o tu planificador BYB, escribe tus roles, lanza la lluvia de ideas de tus prioridades por cada rol para lo que queda de semana y programa una hora para todas ellas. Sigue los cuatro pasos ahora mismo para comprobar lo sencillo que es.

Figura 24. Asigna una hora a cada acción

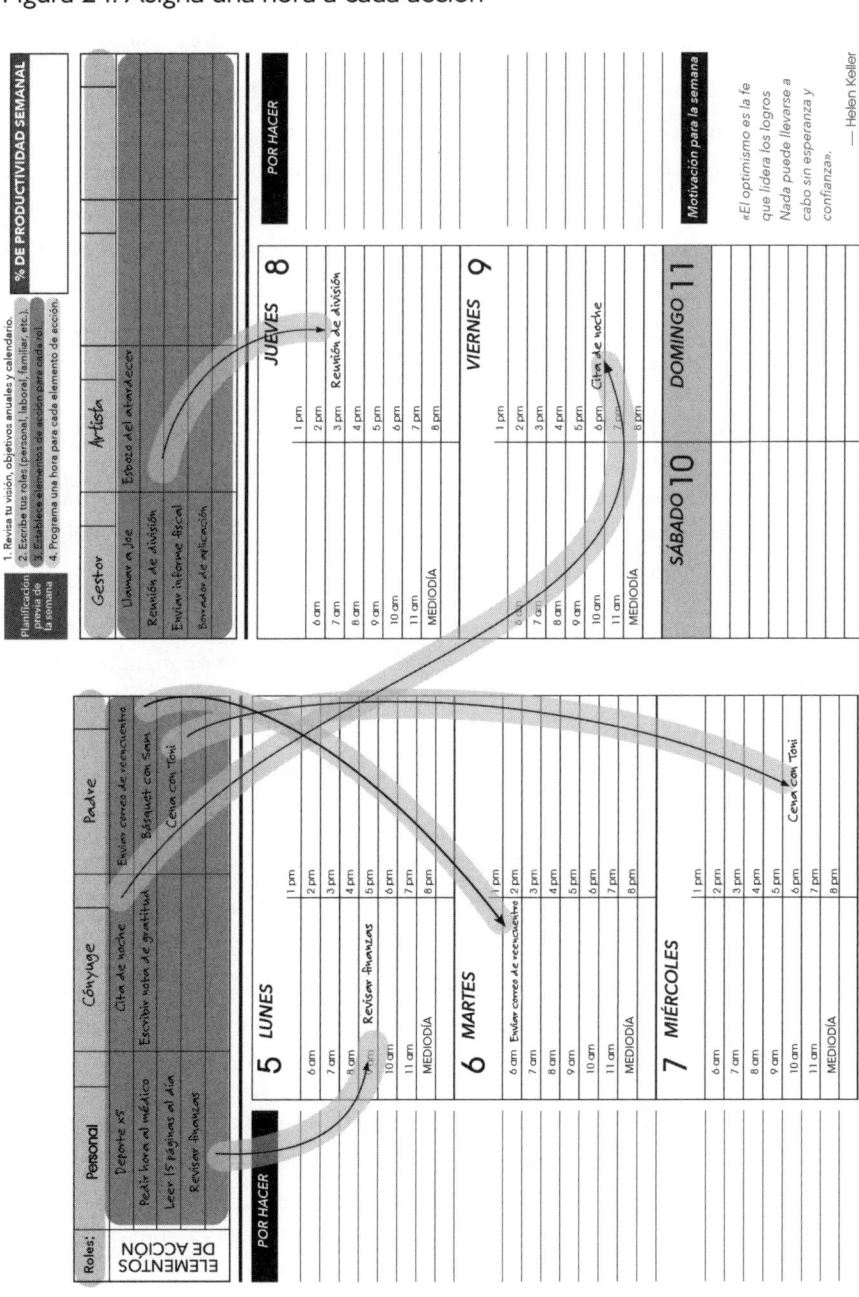

A continuación, escoge un momento de la semana en que es probable que tengas un tiempo de tranquilidad para realizar tu planificación previa para la próxima semana. Si todavía no lo hiciste, configura un recordatorio en el teléfono para la hora en cuestión. A algunas personas les resulta útil abordar la planificación previa de la semana como un proceso que dura todo el fin de semana. En otras palabras, empiezan el viernes por la tarde antes de salir del trabajo y añaden ideas y acciones adicionales a los roles durante el sábado y el domingo a medida que se les ocurren. Puedes optar por el método que más te sirva.

Dorene, jefa de operaciones de Discover Healing, emplea el método del fin de semana y comenta lo siguiente:

A menudo, escucho a los empleados comentar el terror que le profesan al lunes, y yo misma pensaba así. Como dice la canción «Monday, Monday»: «No te fíes de los lunes; son imprevisibles». Pero existe una respuesta a esos bajones de los lunes: la planificación previa de la semana. Con ella, sabes exactamente el rumbo que debes seguir cada día.

Llevo años sirviéndome de la planificación previa de la semana. El viernes por la tarde empiezo a planificar la semana siguiente. Con mi planificador, concierto las reuniones que suelen repetirse cada semana y otras que sé que debo celebrar para poder reservarme y coordinarme las horas. Dedico tiempo a pensar en las acciones que debo emprender en función de mis roles y las ubico en mi plan.

De este modo, disfruto de un buen inicio de semana. No me siento saturada porque ya he pensado en todo lo que debo hacer y sé que todo está programado.

Con la planificación previa de la semana, volviendo a la letra de la canción, pienso: «¡Qué lunes tan magnífico! Sí, la mañana del lunes me brindó todo lo que esperaba».

Dorene ejemplifica el enfoque, paz y calma que acompañan a las personas que planifican su semana previamente y se disponen a disfrutar de grandes días sin importar lo que acontezca. Experimenta las características que se asocian al Q2, a diferencia del estrés y las crisis que se sufren en el Q1.

Ahora que ya hemos visto lo bien que funciona el proceso para Dorene, es hora de pensar en otra idea que también demuestra ser valiosa: compartir la semana con tu pareja o cónyuge. Una de las principales causas de divorcio o de cambio de trabajo es la *frustración*. Esta suele originarse en las expectativas mal alineadas. El empleado cree que el líder debería hacer X, y este cree que el trabajador debería hacer Y. Cuando estas expectativas no se alinean, el resultado es la frustración. La misma idea se aplica a las relaciones. La planificación previa de la semana puede ayudarte a evitar los inevitables conflictos del Q1, como: «¡Yo pensaba que *tú* la ibas a llevar al fútbol!». Si te sientas con tu pareja (idealmente, después de haber realizado sus respectivas planificaciones previas de la semana) y alinean sus prioridades para la semana, se asegurarán de avanzar en la misma dirección y centrarse juntos en lo que más importa. Y lo que es más importante: ¡alinearán sus expectativas y afrontarán la semana con más claridad!

Cuando las cosas no salen según el plan

En este punto quizá pienses: «Suena muy bien, pero ¿y si las cosas no salen según el plan?». Es una muy buena pregunta, ¡y es lo que ocurrirá casi cada semana!

¿Recuerdas la matriz que vimos en capítulos anteriores? Vuelve a consultarla y piensa en cómo los tres grandes te podrían ayudar a trasladar la *mayoría* de tu enfoque al Q2.

En el capítulo 2, mencionamos que el equilibrio óptimo entre rendimiento y productividad para una persona o equipo es invertir entre el 20 y el 25 % del tiempo en las actividades del Q1, entre el 60 y el 70 % en el Q2, entre el 5 y el 15 % en el Q3 y menos del 5 % en el Q4. Puede variar según el sector, pero se aplica a la mayoría.

Como recordatorio, la misma investigación mostró que las organizaciones con más problemas y menos productivas invierten entre el 40 y el 50 % del tiempo en el Q1, entre el 15 y el 20 % en el Q2, entre el 30 y el 40 % en el Q3 y entre el 10 y el 15 % en el Q4.

Figura 25. La matriz «Haz lo que más importa»

	URGENTE	NO URGENTE
IMPORTANTE	**Q1** **¡HAZLO!** Alto estrés, alta prioridad **EJEMPLOS** Crisis, reuniones de urgencia, preocupaciones del cliente, problemas apremiantes, fechas límite, incendios, emergencias	**Q2** **CÉNTRATE** Bajo estrés, alta prioridad **EJEMPLOS** Roles y objetivos, planificación previa de la semana, reuniones de seguimiento semanal, construcción de relaciones, ejercicios, planificación estratégica, desarrollo personal o del equipo
NO IMPORTANTE	**Q3** **GESTIONA** Urgente, no importante **EJEMPLOS** Algún correo electrónico o carta, reuniones o informes no necesarios, interrupciones, llamadas o visitas imprevistas	**Q4** **ELIMINA** No urgente, no importante **EJEMPLOS** Ver la tele, navegar por Internet, tiempo perdido, actividades sin sentido

Fuente: Becoming Your Best Global Leadership

La cuestión es que cada semana surgen actividades del Q1. Sin embargo, si desarrollas el hábito de planificar previamente la semana, podrás mostrar calma y concentración en medio de la tormenta.

La planificación previa de la semana es una forma poderosa de reducir el estrés y aumentar la productividad en todas las áreas de la vida a la par que evita que las cosas que más importan se nos escapen de las manos. Evidentemente, durante la semana surgirán imprevistos importantes. ¡Pero no pasa nada! Si planificaste tus prioridades para la semana, puedes preguntarte si el imprevisto es más importante que lo que ya planificaste. Si es más importante el imprevisto, puedes posponer la actividad programada. Te generará poco estrés y seguirás haciendo lo más importante. No dejarás de hacer la actividad programada, simplemente la cambiarás de hora.

Por ejemplo, imagina que eres desarrollador de páginas web y, como parte de la planificación previa de la semana, decides poner a prueba una página web el martes por la mañana. En medio de la prueba, el jefe te pide un proyecto urgente que debe completarse en la próxima hora. Si el proyecto es urgente (Q1), puedes posponer la prueba de la página web y centrarte en ello. No dejarás de probar la web, porque es importante; simplemente lo harás más tarde. Como resultado, serás un integrante del equipo que sigue en el Q2 y que puede gestionar tareas del Q1 de su supervisor. El objetivo es que cuando surja una tarea del Q1, las prioridades previamente programadas puedan hacerse en otro momento en lugar de obviarlas.

También es importante fijar expectativas correctas. En el capítulo anterior, explicamos que el porcentaje óptimo de logros para los objetivos semanales se encuentra entre el 70 y el 80 %. Este cociente parece el más indicado para ampliar horizontes sin sobreprogramar. Date permiso para *no* cumplir *todas* las actividades de la semana. Si es importante y lo planificaste, posponlo a la semana siguiente. De nuevo, no dejarás de completarlo, simplemente no lo harás en el plazo original. Si pospones la misma acción durante varias semanas, probablemente exista alguna otra razón por la que la evitas.

Por último, puesto que sabes que estallarán incendios del Q1 a lo largo de la semana, es importante ser flexible y guardar un tiempo en la agenda para aplazar actividades si es necesario. Si planificas todos los minutos del calendario, no habrá margen para improvisar y estarás predisponiéndote a no lograr las actividades planificadas de la semana. Por tanto, reserva siempre cierto tiempo libre para lo inesperado.

Resumen

Nadie nos ha dicho nunca que la planificación previa de la semana no le haya servido. Por el contrario, siempre nos comparten historia sobre cómo ha cambiado su enfoque y los ha ayudado a conseguir cosas en las que llevaban años pensando.

Insistimos en expresiones como *cambiar la vida* porque creemos que la planificación previa de la semana consigue exactamente eso. ¿Acaso no es de esperar que sentarte cada semana a revisar tu visión y objetivos, identificar tus roles, enumerar lo más importante de cada uno y asignar tiempo a cada actividad te cambie la vida?

La planificación previa de la semana es un hábito que requiere disciplina y regularidad. Debes repetirla cada semana aunque no te apetezca. Si tienes la disciplina y eres regular, las recompensas valdrán la pena.

Imagina lo bien que te sentirías si disfrutaras de tu trabajo, aportaras mejores ideas, mejoraras tu salud, relaciones y finanzas, vivieras con menos estrés y gozaras de un sólido sentido de propósito y dirección. Imagina la dinámica de grupo y lo ideal que sería trabajar en un equipo alineado y centrado en actividades del Q2, aumentar la rentabilidad y la productividad y crear una cultura divertida como colofón.

Al principio del libro explicamos que hacer lo más importante representa tanto una *mentalidad* como unas *habilidades*. La visión, los roles y objetivos y la planificación previa de la semana son las habilidades. La mentalidad es la disposición y la disciplina para aplicarlas regularmente.

En el siguiente y último capítulo, queremos regresar al concepto del tiempo y a la razón por la que es tan importante empezar *ya* con estos hábitos. Además, ultimaremos detalles que puedes añadir a tu visión, objetivos y planificación previa de la semana para sacar el máximo partido de cada día o, en otras palabras, ¡hacer que cada día cuente!

PREGUNTAS DE REFLEXIÓN PARA ESTE CAPÍTULO:

1. ¿Cómo crees que la planificación previa de la semana puede ayudarte a priorizar el tiempo y hacer lo que más importa?

2. ¿A quién conoces que podría beneficiarse de la planificación previa de la semana (hijo/hija, pareja, miembro del equipo)? ¿Por qué?

3. ¿Cuándo crees que sería el mejor momento para planificar cada semana? ¿Configuraste una alarma o recordatorio?

4. ¿Se te ocurre alguien a quien rendir cuentas y que te podría acompañar en la planificación previa de la semana (compañero, pareja, etc.)?

9

Tiempo y hábitos: ¡haz que cada día cuente!

Percibimos el tiempo como el gran igualador, ya que es el recurso universal: todos tenemos acceso a él y todos disponemos de la misma cantidad. Lo que haces con tu tiempo determina tu legado.

Para poner de manifiesto la importancia de emplear nuestro tiempo sabiamente, queremos compartir una historia. Desde que la oímos por primera vez, hemos escuchado distintas versiones de la misma, pero el principio es invariable.

• • • •

Una tarde, un padre estaba intentando terminar varios proyectos importantes cuyas fechas de entrega le apremiaban. Ya se había saltado la cena y sabía que tendría que trabajar hasta las tantas. Se sentó en la mesa de la cocina, bajo una luz tenue, repasando los gráficos en el portátil.

Su hijo pequeño se le acercó y le preguntó: «Papá, ¿cuánto ganas por hora?». El padre sintió cómo la frustración se sumaba al estrés que ya sentía. No era la conversación que le apetecía entablar ahora que estaba tan concentrado. Resignado, le respondió: «Unos 40 dólares, pero eso es algo que no te incumbe». El niño se quedó pensativo y le espetó: «¿Me puedes prestar

20 dólares?». Al papá se le agotó la paciencia. Pensó que le estaba pidiendo dinero para comprarse un juguete, y esa conversación no era más que una pérdida de su valioso tiempo. Alzó la voz y le replicó: «¡No! No te voy a dar 20 dólares. ¡Vete a tu habitación!». Abatido, el pequeño agachó la cabeza y se dirigió a su cuarto. El padre se sentó de nuevo entre refunfuños. Cuanto más lo pensaba, más se enojaba.

Media hora más tarde, más calmado, se percató de que había vertido su frustración sobre su hijo. Se le enterneció el corazón y se dio cuenta de que lo había tratado con demasiada aspereza. Se levantó y fue a la habitación del niño. Lo oyó llorar en voz baja, y el corazón se le conmovió todavía más.

Se le acercó con delicadeza y se sentó en la cama. «Siento haberte contestado así —se excusó—. Tuve un día duro y lo pagué contigo. Seguro que tenías buenas razones para pedirme el dinero. Si los necesitas, puedo darte esos 20 dólares». Y le extendió un billete.

El pequeño sonrió y se secó las lágrimas. Se sentó en la cama y abrió el cajón de la mesilla de noche. Agarró unos cuantos billetes que tenía guardados, los contó y los sumó a los nuevo 20 dólares. Ahora tenía más de 50. Con una sonrisa de oreja a oreja, dijo: «Papá, antes me faltaba dinero, pero ahora ya tengo 40 dólares. ¿Puedo contratarte durante una hora para que juguemos juntos?».

El padre se sintió avergonzado y conmovido. Entre lágrimas, abrazó a su hijo y le suplicó que le perdonara.

• • • •

Cuando oímos esta historia, nos compungió. Nos recordó que el tiempo vuela y que el momento más importante es ahora. Nadie tiene el mañana garantizado. El tiempo es el gran igualador: todos tenemos la misma cantidad y, cuando se esfuma, no regresa. Es importante ser consciente del destino al que nos dirigimos sin dejar de vivir el presente y disfrutar del camino. Cuando trabajamos, debemos estar comprometidos e implicados para hacer lo que más importa. Cuando volvemos a casa, debemos estar plenamente presentes para nuestra pareja, hijos e incluso nosotros mismos. Si bien nadie puede estar 100 % activo constantemente, la visión, los objetivos y la planificación previa de la semana nos ayudan *mucho*, tanto en casa como en el trabajo.

La vida está repleta de altibajos y sorpresas inesperadas. La incapacidad para predecir el futuro es la razón por la que el hábito de desarrollar tu visión y objetivos y planificar previamente la semana con regularidad resulta tan útil.

Aunque andes por el camino adecuado, siempre surgen desafíos imprevistos en la vida. Cuando dispones de una visión y unos objetivos claros y planificas previamente la semana con regularidad, casi siempre te encontrarás en una posición más ventajosa para gestionar lo que la situación depare.

Por ejemplo, tenemos un buen amigo y cliente de *coaching* al que llamaremos Nathan. Es ejecutivo de un gran banco de renombre nacional. Un día, iba en el coche con su mujer hacia su cabaña cuando el neumático reventó repentinamente y perdió del control del SUV, que dio varias vueltas. Lamentablemente, su esposa sufrió una lesión craneal que la mantuvo en coma durante 18 meses.

Nathan pasó varias noches sin dormir durante esos 18 meses pensando en su vida, su trabajo y su familia. Este tipo de accidente es indeseable, pero Nathan sabía que no podía volver atrás. Aceptó que eso había sucedido y que podía ocurrirle a cualquiera. Casi todo en la vida le iba bien antes del accidente, pero tras ese trágico día todo se vino abajo.

Durante ese desafiante periodo de tiempo, Nathan seguía siendo ejecutivo del banco, padre de varios hijos adultos y abuelo de varios nietos. Debía guardar la compostura de cara a su equipo, familia y ante sí mismo. Volver a su visión y objetivos y a las cosas más importantes en las que se centraría cada semana fue lo que evitó que se sumiera en la oscuridad.

Durante ese tiempo, Nathan dedicó esfuerzos a mantenerse centrado en su visión (su propósito), sus objetivos y lo que más importaba cada semana. Invirtió tiempo en centrarse en lo que podía controlar en lugar de en lo que no. Visitaba a su mujer todos los días en el hospital, hablaba con ella y le acariciaba la mano. Aunque no le respondía, se mantenían conectados. Pasaba tiempo con sus hijos y lideró con más compromiso en el banco a la vez que se interesaba honestamente por su equipo y clientes. Fue un periodo agotador de profunda introspección para Nathan. Dieciocho meses después, tras muchas conversaciones con los médicos, la familia tomó la durísima decisión de desconectarla de la máquina.

La visión, los objetivos y la planificación previa de la semana de Nathan tomaron esa desagradable situación que nadie querría y lo ayudaron a abordarla de la mejor manera posible. Él cree que existe un poder superior, y aprovechó la experiencia para convertirse en una mejor versión de sí mismo: mejor líder, padre, abuelo y miembro de la comunidad. Los integrantes del equipo de Nathan lo describen como uno de los mejores líderes con quien han trabajo a lo largo de sus carreras y afirman que esta experiencia lo hizo todavía mejor.

Como en el caso de Nathan, no importa lo que te sobrevenga: si adoptas los tres grandes, te encontrarás en una posición más sólida para gestionarlo todo, sea grande o pequeño. Estos tres hábitos te brindarán una razón para levantarte cada mañana y para que tu corazón siga latiendo. Te ayudarán a identificar lo que puedes controlar en lugar de preocuparte por lo que no está en tus manos. Te ayudarán a aportar mejores contribuciones al equipo. Y, por último, te ayudarán a dedicar tu valioso tiempo a lo que más importa.

Hábitos

Al final, los tres grandes te ayudarán a desarrollar buenos hábitos y a mantener el impulso. Experimentarás un impacto inmediato en el rendimiento y la productividad, tanto a nivel personal como profesional. Uno de los compromisos personales más importantes consiste en abrazar el hábito de la planificación previa de la semana. Solo con eso, tus acciones se alinearán con tu visión y objetivos.

Aunque los equipos pueden aplicar estas habilidades de forma colectiva, la diferencia se marca cuando los individuos adoptan ese compromiso a nivel personal. Estos compromisos proceden del interior y, cuando se inician, pueden transformar pequeñas ascuas en ardientes llamas.

Mantener el hábito de la planificación previa de la semana y permanecer conectado con tu visión y objetivos requiere disciplina. Debes decidir, ahora mismo, cuán comprometido estás con lo que más importa. La vida trata de decisiones y hábitos. Por ejemplo, si decides vivir en otro país, esa elección se convertirá en una gran parte de tu vida. Si escoges cambiar de trabajo, también tu vida se verá afectada. Cuando tomas decisiones, ejercen un impacto en el resto de tu vida.

Las decisiones son una de las encrucijadas de la vida que tienen ramificaciones por el resto de tu vida. Si decides comprometerte con la planificación previa de la semana y necesitas ayuda y rendir cuentas, puedes contratar a un *coach*. También puedes pedir a tu pareja o algún compañero que te ayuden con ello y devolverles el favor si te lo piden. La cuestión es que, cuando tomes la decisión de implementar los tres grandes, afectará positivamente el resto de tu vida en muchos sentidos.

¡Tu vida e impacto en el mundo es la suma de tus hábitos! Más nos vale escoger nuestros hábitos con cuidado.

Uno de nuestros poemas favoritos, de autoría desconocida, ilustra el innegable poder de nuestros hábitos:

Soy tu compañero constante.
Soy tu más grande ayuda, o tu más pesada carga.
Te impulsaré hacia las alturas, o te arrastraré al fracaso.
Estoy completamente bajo tu mando.

De todas formas,
la mitad de las cosas que hago
puedes dejarlas a mi cargo
y podré cumplirlas rápida y correctamente.

Es fácil lidiar conmigo:
solo es necesario que seas firme.
Muéstrame exactamente cómo quieres que haga las cosas,
y tras unas cuantas lecciones las desarrollaré automáticamente.
Soy el sirviente de todos los grandes personajes
y, ¡ay!, también de todos los perdedores.
A quienes son grandes, los hice yo así.
A los otros, los conduje al fracaso.

No soy una máquina, aunque funciono
con la precisión de un mecanismo y, además,
con la inteligencia de un humano.

Puedes hacerme funcionar para obtener ganancias
o para quedar en la ruina; para mí, no hay diferencia.
Tómame, entréname, sé firme conmigo,
y pondré el mundo a tus pies.
Sé indulgente conmigo, y te destruiré.

¿Quién soy?

YO SOY EL HÁBITO.

Un poema excelente, ¿verdad? Nos ayuda a analizar introspectivamente nuestros hábitos y preguntarnos si estamos avanzando hacia nuestra visión o alejándonos de ella.

En la mayoría de áreas de la vida siempre queremos mejorar, sea para ganar más dinero, conseguir un ascenso, mejorar una relación o cuidar la salud. En la mayoría de casos, nuestros hábitos diarios determinan cómo nos desempeñamos en todas ellas. Si quieres mejorar un área de tu vida, debes comenzar con el desarrollo de la visión, identificar los objetivos específicos de cada área y aplicar disciplina a tus acciones semanales.

En otras palabras, debemos desarrollar los hábitos que nos acercan a la consecución de nuestra visión y objetivos.

Hablando de hábitos, cuando los ejecutivos, gerentes y empleados comparten las preocupaciones que los mantienen en vela o consumen muchos de sus pensamientos, estos son los temas recurrentes:

1. Salud y bienestar personal

2. Relaciones

3. Dinero

4. Conectar con un propósito

5. Hacer algo que disfrutan

6. Rendimiento en el trabajo

Aunque podríamos redactar una interminable lista de preocupaciones, estas seis suelen ser las más comunes. Esta es la razón por la que los tres grandes son tan importantes: ayudan a las personas a desarrollar los hábitos correctos y centrarse en los asuntos clave. Los tres grandes nos ayudan a mejorar cada una de esas áreas cuando somos regulares y disciplinados.

Ahora que ya has leído los capítulos sobre la visión, los objetivos y la planificación previa de la semana, examina tu propia vida y plantéate las siguientes preguntas sobre tus hábitos actuales:

1. *¿Qué quiero mejorar de mis hábitos en relación con mi salud, dieta y ejercicio?*

2. *¿Qué quiero mejorar en mis relaciones con mi pareja, hijos, clientes y compañeros?*

3. *¿Cómo puedo mejorar mis finanzas para reducir la deuda al máximo, ahorrar y planificar mis objetivos económicos a largo plazo?*

4. *¿Qué podría hacer para ser más feliz y despertarme con ilusión?*

5. *¿Cómo podría ser más productivo en la empresa? ¿Cómo puedo mejorar y ser un líder que inspira al equipo a dar lo mejor de sí?*

Responder a estas preguntas es una forma sencilla de empezar a pensar en términos de lo que más importa. De hecho, si dedicas un par de minutos a sopesarlas, obtendrás algunas ideas de áreas para mejorar. También puedes convertir tus respuestas internas a estas preguntas en parte de tu visión y objetivos.

Los hábitos que te esfuerces en desarrollar durante las próximas semanas, meses y años te ayudarán a lograr lo que quieres conseguir. Si pretendes mejorar algún aspecto de tu vida, lo más habitual es que debas ajustar o desarrollar algún hábito. En algunos casos, implicará adoptar un conjunto de hábitos nuevos y útiles, y en otros requerirá cambiar costumbres perniciosas. En otras palabras, tus hábitos te ayudarán a avanzar hacia tu visión y objetivos o a alejarte de los mismos.

Los tres grandes aumentan el rendimiento y la productividad a la par que transforman nuestra vida ayudándonos a desarrollar hábitos nuevos. Piensa en el impacto que los tres grandes ejercieron en nuestro CEO de Sudáfrica que dejó de fumar; el equipo que aumentó sus ventas de 17 a 34; John, el ejecutivo de PepsiCo que recuperó la relación con su hijo; o Jill, que pasó de ser una empleada mediocre a una de las mejores del equipo. Entiendes la idea, ¿verdad? La visión, los objetivos y la planificación previa de la semana consisten en crear hábitos de alto rendimiento que alineen tu tiempo y energías con lo que más importa.

El primer paso para desarrollar hábitos de éxito consiste en identificar tu visión y objetivos. Luego, la planificación previa de la semana te ayudará a aprovechar el tiempo diario y semanal para desarrollar dichos hábitos y alcanzar tu visión y objetivos.

Consejos adicionales de productividad

Cuando decidimos escribir este libro, escogimos centrarnos a propósito exclusivamente en los tres grandes. A fin de cuentas, son los únicos que nos ayudan a hacer lo que tan solo el 1 % de la población hace. Aumentarán tu productividad entre *al menos* un 30 y un 50 %, y ejercerán un significativo impacto en el rendimiento y la productividad de los miembros de tu equipo. Aunque todo el enfoque del libro se basa en los tres grandes, también queremos compartir algunos consejos de productividad importantes. Se basan en otras conclusiones de nuestra investigación y creemos que son útiles porque se pueden implementar junto a los tres grandes. Recuerda que son solo consejos. Queremos centrarnos en los tres grandes, pero el resumen de estos cinco consejos también te ayudará a incrementar la productividad y sacar el máximo partido a tu tiempo.

1. Adopta la mejor rutina por las mañanas

La mañana define el ambiente del resto del día, y suele ir mejor cuando empezamos con buen pie. Si añades estas costumbres a tu planificación previa de la semana, te ayudarán a comenzar bien. Que quede claro que no te sugerimos hacerlas *todas* cada día, sino escoger las que más te importen y añadirlas a la planificación previa de la semana:

- ⊙ Duerme entre siete y ocho horas.
- ⊙ Bebe medio litro de agua justo después de levantarte.
- ⊙ Haz la cama.

- ⊚ Haz estiramientos y tómate unos minutos para practicar yoga o meditar.
- ⊚ Haz deporte.
- ⊚ Medita.
- ⊚ Pregúntate cómo puedes hacer que este sea un gran día.
- ⊚ Dedica entre tres y cuatro minutos antes de salir de la cama a centrarte en tu visión o afirmaciones positivas. ¿Qué harás hoy para hacerlas realidad?
- ⊚ Revisa las acciones clave y planifica el día. Identifica las prioridades más esenciales para hoy.

En la medida de lo posible, *no* consultes el teléfono ni el correo electrónico durante los 30 primeros minutos del día. Aprovecha ese tiempo para centrarte en ti y tu rol personal. Descubrirás que es bastante común tener más energía a lo largo del día si primero te cuidas a ti mismo.

2. Duerme, haz deporte y come bien

Se han escrito un sinfín de libros sobre cada uno de estos hábitos. Basta con decir que si duermes bien, reservas tiempo al ejercicio y comes saludable, rendirás y producirás a mayor nivel. Además, estos tres hábitos contribuyen a tu longevidad y felicidad. Si no has incorporado aspectos como el sueño, el ejercicio y la dieta a tu visión y objetivos, te recomendamos que lo hagas.

Nuestros cuerpos son como un *jet*. No puedes llenar el depósito de una aeronave con agua y esperar que rinda: necesita combustible. Asimismo, nuestros cuerpos necesitan «carburante» en forma de sueño, deporte y comida saludable para rendir bien.

Una de las claves para dormir lo suficiente, practicar deporte y comer bien es lo que programas intencionalmente para tu semana en la planificación previa de la semana.

3. Visualiza mentalmente el recorrido del día

Los pilotos más exitosos son los que antes de entrar en el *jet* visualizan mentalmente los aspectos más importantes del vuelo. En la tranquilidad de la sala de reuniones, visualizan mentalmente las partes más complicadas e intensas del vuelo *antes* de subirse al *jet* y disponerse a volar.

Te invitamos a que hagas lo propio y dediques unos minutos por la mañana a visualizar mentalmente tu día. Siéntate y revisa tu agenda para ver qué programaste para el día como parte de tu planificación previa de la semana e identifica las dos o tres prioridades más importantes. A menudo resulta útil programar los elementos de mayor prioridad por la mañana, cuando tu nivel de energía es más alto. Reconocemos que esto no siempre es posible, pero si puedes, la mañana suele ser el momento ideal para hacer las cosas.

Una vez que identifiques las dos o tres prioridades para la jornada, cierra los ojos y visualiza tu día. Prepárate para los posibles imprevistos. De esta manera, si aparece un elemento del Q1, sabrás cuáles son tus prioridades y cómo puedes cambiar las cosas.

En lugar de emprender el día ciegas esperando lo mejor, invierte un par de minutos para visualizarlo. Te sentirás más calmado, centrado y en paz con el día.

4. Mejora el espacio de trabajo con varias pantallas

Con una sola pantalla puedes conseguir mucho, pero con dos o más podrás completar la misma tarea en mucho menos tiempo. En el informe del *New York Times* sobre una encuesta de Job Peddie Research, se explicaba que las pantallas dobles aumentan la productividad en hasta un 46 %.[22]

Descubre con cuántas pantallas trabajas mejor. Todas las personas con quienes hablamos coinciden en que con varias pantallas ejecutan el trabajo con mayor eficacia y eficiencia. Por ejemplo, Rob emplea cuatro y termina en 20 o 30 minutos lo que con una sola pantalla le requería una hora.

5. Aprende a decir que no

Si un compañero o amigo siempre te pide favores que te llevan al Q1 o Q3, tu productividad se verá afectada negativamente. Poder decir que no de manera correcta beneficia a todo el equipo. Por ejemplo, si el jefe se te acerca para pedirte que te ocupes de un proyecto mientras estás completando otro, es esencial que fundamentes la decisión sobre qué hacer en lo que te beneficia más a ti, al jefe y a la empresa. Una buena respuesta podría ser: «Sí, puedo ocuparme de este nuevo proyecto, pero tendré que posponer el otro, así que no podré terminarlo a la hora prometida. ¿Prefieres que termine el nuevo o que siga con el de ahora?». Este tipo de contestación coloca la pelota en el tejado del supervisor y suele percibirse positivamente. Alinea las expectativas y ayuda al responsable a entender que ya tienes algo entre manos. Si el nuevo proyecto es más importante, probablemente el supervisor te autorizará a posponer el otro. Y si es más importante el proyecto actual, el jefe lo sabrá.

La capacidad de decir que no es todo un arte. El objetivo de este libro es ayudarte a hacer lo que más importa. En ocasiones, eso implicará desprenderte de ciertos compromisos para dedicar tiempo a reenfocar tus prioridades.

Resumen

El tiempo es el recurso más valioso. La vida trata más del recorrido que del destino. Lo importante de abrazar una visión, establecer roles y objetivos y planificar la semana previamente es aprender a vivir el presente con los ojos puestos en el futuro. Al final, lo que haces con tu tiempo conforma tus hábitos, y estos definen tu legado. La visión es tu brújula interna, los roles y objetivos son tus metas anuales, y la planificación previa de la semana consiste en vivir el presente para que cada día cuente.

Los tres grandes son hábitos que te cambiarán la vida y ejercerán un tremendo impacto tanto en el rendimiento como en la productividad. Como en todo, necesitarás disciplina y concentración para integrarlos. Te invitamos a asumir ese compromiso interno y unirte a nosotros para que estos hábitos te acompañen toda la vida.

W. Clement Stone, empresario, filántropo y autor, dijo sabiamente: «Creo que hay algo más importante que creer: ¡actuar! El mundo está lleno de soñadores, pero son pocos quienes avanzan y dan pasos concretos para cumplir su visión».

Al plantearte la vida, tomar medidas para mantenerte centrado en los tres grandes puede ser lo más importante que hayas hecho nunca.

Una de las preguntas más habituales que recibimos tras empezar con la visión, los objetivos y la planificación previa de la semana es: «¿Y ahora qué?». En el capítulo de conclusión la responderemos y compartiremos métodos para mantener el impulso.

PREGUNTAS DE REFLEXIÓN PARA ESTE CAPÍTULO:

1. ¿A qué área de tu vida querrías dedicar más tiempo y esfuerzos?

2. ¿Qué hábito querrías desarrollar, cambiar o abandonar?

3. Al leer este capítulo, ¿qué pensamientos te vienen a la mente sobre tu propia vida, tanto a nivel personal como profesional?

4. ¿Con quién podrías discutir este capítulo para explorar el concepto del tiempo, los hábitos y las cosas que más importan?

5. ¿Cómo puede empoderarte la combinación de tu visión, roles y objetivos y la planificación previa de la semana para hacer lo que más importa?

CONCLUSIÓN

¿Y ahora qué?

Al principio del libro, te prometimos que los tres grandes aumentarían tu rendimiento y productividad en al menos un 30-50 %. Ahora que terminaste la lectura, ¿te das cuenta de lo poderosos que son los tres grandes?

Seamos algo más específicos en términos de lo que todo esto significa para ti. En el capítulo 7, ilustramos cómo la planificación previa de la semana puede llevarnos a completar entre un 20 y un 30 % más de actividades/tareas durante la semana (con menos estrés). A lo largo del mes, eso supone entre 80 y 120 actividades más, y en un año serían entre 900 y 1 400.

Imagina el impacto acumulativo de mantener estos tres hábitos durante el resto de tu vida. En 40 años, completarías entre 30 000 y 40 000 actividades que seguramente habrías obviado sin estos hábitos.

Sobre el papel eso solo son números. Pero cada uno de ellos representa una actividad importante para tu vida. Podrían ser la práctica de deporte, un gesto de amabilidad hacia tu pareja, una actividad laboral importante, la tarea de un cliente o miembro del equipo o hacer algo por tus hijos. La cuestión es que cada uno de estos números representa algo importante para ti.

Lo bonito de todo es que mientras haces lo que más importas y completas más tareas, el estrés y la saturación se reducen. En otras palabras, la paz y la productividad aumentan y el estrés se reduce.

El camino de Steve

Nadie sabe cuántos años le deparará el camino de la vida, pero sean los que sean, seguramente miraremos atrás y diremos: «Pasaron volando, como un sueño». Para ilustrar esta realidad, compartiremos un último ejemplo personal de la vida de Steve. Con tan solo 55 años, le diagnosticaron alzhéimer precoz a Roxanne, la mujer de Steve y madre de Rob. Esta inesperada enfermedad cambió casi todos sus planes a largo plazo. Seguro que puedes imaginar cómo te sentirías si tu pareja de toda la vida recibiera esa sentencia final que cambiaría todos los planes para sus años dorados. El alzhéimer prematuro es una enfermedad terminal que suele acabar con la vida del enfermo en un periodo de diez años.

En el momento en que escribimos este libro ya han pasado cerca de diez años desde que diagnosticaron a Roxanne. Durante la última década, el deterioro de sus capacidades cognitivas y funcionalidad ha sido lento y permanente. Actualmente está ingresada en un centro de cuidados y a duras penas puede hablar, no reconoce a la familia y es completamente dependiente. Atestiguar el lento declive de una mujer tan brillante que ahora depende íntegramente de los demás ha sido un proceso difícil y desafiante.

Con todo, en este indeseable proceso, yo (Rob) he visto cómo mi padre se ha comportado como un héroe y se ha centrado en su visión, objetivos y planificación previa de la semana. La combinación de los tres grandes lo ha ayudado a controlar lo que no estaba en sus manos y centrarse en lo más importante.

Durante las primeras etapas, Roxanne y Steve se fijaron nuevos objetivos para recorrer el mundo juntos y crear recuerdos mientras pudieran. Roxanne acompañó a Steve en muchas de sus conferencias y eventos de formación corporativa. A lo largo de este desafiante periodo, el enfoque de Steve en los tres grandes le ha ayudado a centrarse en lo que más importa. A día de hoy, Roxanne sigue siendo la prioridad de Steve. Cada noche la visita en el centro de cuidados y la atiende con paciencia; la trata como a una reina. Aunque ella ya no lo reconoce, él le lleva flores, bombones, libros de fotografías y trata de alegrarle el día de alguna forma.

Parte de esta nueva visión consiste en ayudarla a sentirse cómoda y vivir la parte final de su vida con dignidad y felicidad. Le acaricia la mano y la ayuda a hacer una de las pocas cosas que todavía puede hacer: sonreír. Se sienta a menudo con ella para mirar libros de fotos de sus viajes y años juntos. La única ventaja del alzhéimer es que cada día es nuevo y pueden observar las mismas fotos como si Roxanne nunca las hubiera visto.

Los tres grandes van mucho más allá del éxito profesional. En el caso de Steve, equilibró su tiempo entre dirigir varias empresas, pasar momentos con la familia y cuidar a la que ha sido su esposa durante más de 45 años. Cuando le diagnosticaron alzhéimer a Roxanne, su visión cambió. En lugar de centrarse en lo negativo, Steve ajustó su visión y se fijó nuevos objetivos. A día de hoy, este hábito regular de la planificación previa de la semana sigue ayudándolo a centrarse en lo que puede controlar y hacer lo que más importa.

No importa qué nos depare la vida: ¡los grandes tres nos ayudarán a dar lo mejor de nosotros en cualquier circunstancia!

Cómo mantener el impulso

Ahora que terminaste el libro, la pregunta más habitual es: «¿Qué hago ahora?».

Te presentamos una lista de actividades para maximizar el éxito y mantener el impulso:

1. **Realiza o vuelve a realizar la autoevaluación de productividad de BYBassessment.com.** Si la hiciste al iniciar el libro, te recomendamos repetirla *después* de terminar tu visión y objetivos y *después* de planificar previamente tus semanas durante al menos un mes. Una manera sencilla de asegurarte de que no se te olvida es programarla en tu calendario a largo plazo ahora mismo. Te invitamos a planificarla para al menos dentro de un mes y añadir el enlace de la web en el recordatorio. Así, lo único que necesitarás será visitar la web y realizarla. Cuando la hayas hecho, compara dónde estabas al empezar el libro con tu situación actual. Confiamos en que notarás una gran diferencia en casi todas las áreas de tu vida.

2. **Elabora un borrador de tu visión personal escrita y de tus roles y objetivos.** Cuando termines tu visión y roles y objetivos, puedes

colocarlos en la parte frontal del planificador semanal y compartirlos con un grupo de personas a las que respetes y admires. A finales del año, ríndeles cuentas sobre tu progreso.

3. **Comprométete a planificar previamente las semanas durante todo un año.** Recuerda que la planificación previa de la semana es tanto una mentalidad como un conjunto de habilidades. Necesitarás disciplina para comprometerte a hacerlo cada semana. Si crees que la herramienta del planificador semanal te será útil, puedes conseguir uno visitando la tienda de BecomingYourBest.com.

4. **Únete a 52-Week Success Rhythm.** El viejo dicho reza: «Ojos que no ven, corazón que no siente». Y puede revertirse: «Ojos que ven, corazón que siente». Esta herramienta te brinda algo que hacer cada semana. Cuando te unas, te enviaremos un mensaje, historia o cita cada día para que mantengas lo que más te importa en mente. Para unirte, visita TheSuccessRhythm.com y empieza hoy mismo.

5. **Suscríbete a nuestro pódcast semanal gratuito.** Puedes escucharlo en iTunes y Stitcher o en la web BecomingYourBest.com.

6. **Únete al programa de *coaching* mensual de rendimiento máximo.** En este programa, te unirás a un grupo de personas altamente motivadas con las que te reunirás cada mes. Se trata de una manera excelente de seguir avanzando, rendir cuentas y compartir nuevas investigaciones o ideas. El precio de este programa está pensado para que cualquier persona que se tome en serio su éxito pueda permitírselo. Todos agradecemos las nuevas ideas, la colaboración y la rendición de cuentas de este programa. Puedes obtener más detalles en la página de inicio de BecomingYourBest.com haciendo clic en el menú desplegable de la esquina superior derecha.

¡Con estos sencillos consejos podrás maximizar el éxito y mantener el impulso!

Resumen

¡Felicidades, terminaste el libro!

Pero este no es ni mucho menos el final; solo es el principio. En la vida todo es empezar, y ahora es el momento. Desarrollar estos hábitos te abrirá un camino que transformará todas las áreas de tu vida personal y profesional, como nos ha ocurrido a nosotros y a cientos de personas.

Te invitamos a compartir este libro con tus compañeros, amigos y familiares para que puedan desarrollar su visión, roles y objetivos, así como el hábito de la planificación previa de la semana. También estaremos encantados de que nos compartas tu historia por correo electrónico a la dirección Support@ BecomingYourBest.com. Queremos escuchar cómo fue tu experiencia tras desarrollar los tres grandes.

Ella Wheeler Wilcox, famosa autora y poeta de finales del siglo XIX, redactó unas líneas que se aplican a cada uno de nosotros:

> *Un barco zarpa para el Este y otro para el Oeste,*
> *soplando los mismos vientos para ambos.*
> *Es la orientación de la vela y no el viento*
> *lo que determina el rumbo.*
> *Como los vientos del mar son los vientos del destino;*
> *mientras viajamos a través de la vida*
> *es la orientación del alma la que determina el rumbo,*
> *no la calma o la tempestad.* [23]

Como afirma Ella, el viento sopla a nuestras espaldas. La pregunta es si izaremos las velas para que nos impulse.

¡Los tres grandes nos empoderan para izar las velas, aprovechar el viento y hacer lo que más importa!

NOTAS

1. Henry Mintzberg, «The Manager's Job: Folklore and Fact», *Harvard Business Review*, marzo-abril de 1990. Disponible en https://hbr.org/1990/03/the-managers-job-folklore-and-fact.

2. Og Mandino, *The Greatest Salesman in the World* (Nueva York: Bantom Books, 1983), p. 47.

3. Merriam-Webster Dictionary, «Productivity». Acceso el 4 de noviembre del 2020. Disponible en https://www.merriam-webster.com/dictionary/productivity.

4. Merriam-Webster Dictionary, «Performance». Acceso el 4 de noviembre del 2020. Disponible en https://www.merriam-webster.com/dictionary/performance.

5. Jim Harter, «Employee Engagement on the Rise in the U.S.», Gallup, 26 de agosto del 2018. Disponible en https://news.gallup.com/poll/241649/employee-engagement-rise.aspx.

6. David Woods, «Three Quarters of Employees Want More Training at Work to Fulfill Their Full Potential, Middlesex University Reports», *HR Magazine*, 18 de mayo del 2011. Disponible en https://www.hrmagazine.co.uk/article-details/three-quarters-of-employees-want-more-training-at-work-to-fulfill-their-full-potential-middlesex-university-reports.

7. Integra, «IRR Sponsored Study: "Desk Rage" and Workplace Stress», Integra Realty Resources, 29 de noviembre del 2000. Disponible en https://www.irr.com/news/irr-sponsored-study-desk-rage-and-workplace-stress-9677.

8. Harter, «Employee Engagement on Rise».

9. Kermit Pattison, «Worker Interrupted: The Cost of Task Switching», *Fast-Company*, 28 de julio del 2008. Disponible en https://www.fastcompany.com/944128/worker-interrupted-cost-task-switching.

10. The Radicati Group, «Email Statistics Report 2015–2019», 4 de marzo del 2015. Disponible en https://www.radicati.com/wp/wp-content/uploads/2015/03/Email-Statistics-Report-2015-2019-Brochure.pdf.

11. VitalSmarts, «Is Your Team a Ticking Time Bomb? New Research Shows It Only Takes 1 to 2 Team Members to Undermine Results When They Fumble Tasks and Responsibilities», *Cision PR Newswire*, 16 de mayo del 2019. Disponible

en https://www.prnewswire.com/news-releases/is-your-team-a-ticking-time-bomb-new-research-shows-it-only-takes-1-or-2-team-members-to-undermine-results-when-they-fumble-tasks-and-responsibilities-300851400.html.

12. Becoming Your Best Global Leadership, Performance and Productivity Survey, 2018–2019.

13. Fuente: Becoming Your Best Global Leadership.

14. Becoming Your Best Global Leadership, Performance and Productivity Survey, 2018–2019.

15. Tom Benson, «Re-Living the Wright Way: Biography of Orville Wright», National Aeronautics and Space Administration. Modificado por última vez el 12 de junio del 2014, 05:10. Disponible en https://wright.nasa.gov/orville.htm.

16. Wikipedia, «Wright Flyer», Wikimedia Foundation. Modificado por última vez el 23 de octubre del 2020, 03:22. Disponible en https://en.wikipedia.org/wiki/Wright_Flyer.

17. Jim Collins, *Good to Great: Why Some Companies Make the Leap and Others Don't* (William Collins, 2001), p. 42.

18. James Allen, «Visions and Ideals», en *As a Man Thinketh* (Chicago: Sheldon University Press, 1908), p. 86.

19. Lewis Carroll, *Alice's Adventures in Wonderland*, capítulo 6. Actualizado por última vez el 12 de octubre del 2020. Disponible en https://www.gutenberg.org/files/11/11-h/11-h.htm.

20. Shivali Best, «Day That People Most Likely to Give Up Their New Year's Resolutions — And It's Very Soon», *The Mirror*, 2 de enero del 2020. Disponible en https://www.mirror.co.uk/science/day-people-most-likely-give-21199904.

21. Mandino, *Greatest Salesman in the World*, p. 67.

22. Jon Peddie Research, «Jon Peddie Research: Multiple Displays Can Increase Productivity by 42%», JPR, 26 de octubre del 2017. Disponible en https://www.jonpeddie.com/press-releases/jon-peddie-research-multiple-displays-can-increase-productivity-by-42/.

23. Ella Wheeler Wilcox, *World Voices* (Nueva York: Hearst's International Library Company, 1916).

GUÍA DE DISCUSIÓN SOBRE *HAZ LO QUE MÁS IMPORTA*

E speramos que los tres grandes hábitos de rendimiento recogidos en *Haz lo que más importa* hayan ejercido un significativo impacto en tu vida. A medida que vayas leyendo, prometemos que estos hábitos aumentarán tu rendimiento y productividad en al menos un 30-50 %, y lo que es más importante: te empoderarán para priorizar tu tiempo y hacer lo que más importa.

Las siguientes preguntas están pensadas para resumir el libro y deben considerarse tanto a nivel individual como de equipo.

INDIVIDUAL

1. ¿Qué áreas de tu vida personal y profesional te gustaría mejorar? ¿Cuál es tu mentalidad actual sobre estas áreas?

2. ¿Cómo mides actualmente tu rendimiento y productividad en la vida?

3. Teniendo como referencia la matriz «Haz lo que más importa», ¿en qué cuadrante pasas más tiempo? ¿Por qué?

4. Todos nos encontramos en distintos cuadrantes en ciertos momentos. ¿Cómo describirías las emociones relacionadas con cada cuadrante?

5. ¿Cuál es la diferencia entre el Q2 y el resto de cuadrantes?

6. ¿Cómo crees que adoptar una visión personal te cambiaría la vida para bien?

7. ¿Qué área específica de tu vida mejoraría más al adoptar más enfoque y dirección?

8. En el libro planteamos cuatro preguntas diseñadas para dar rienda suelta a la imaginación *antes* de escribir tu visión. ¿Cómo las responderías?

   A. En 10-20 años, ¿qué te gustaría hacer y conseguir?

   B. Piensa en mentores o personas que te inspiran (puede ser gente a la que conozcas o personajes ilustres). ¿Cuáles de sus rasgos, características y cualidades admiras?

   C. ¿Qué te gustaría mejorar de tu trabajo, hogar o comunidad?

   D. En cincuenta años, sigas con vida o no, ¿cómo te gustaría que te recuerden las personas que te rodean?

9. ¿Cuáles son los 5-7 roles más importantes de tu vida (personal, cargo profesional, parental, matrimonial/de pareja, como hermano, como hijo, etc.)? ¡Recuerda que el rol personal es el más importante!

10. ¿Cuál es tu visión para cada rol (la mejor versión que podrías dar de ti en cada uno)?

11. ¿Cuál fue tu experiencia al desarrollar tu visión personal escrita?

12. ¿Dónde colocarás tu visión personal para poder consultarla cada semana como parte de la planificación previa?

13. Menciona de uno a cuatro objetivos SMART (por cada rol) de este año para cumplir tu visión.

14. ¿Cómo ha sido la experiencia de elaborar tus roles y objetivos?

15. ¿Con qué 3-5 personas podrías compartir tus objetivos para rendirles cuentas?

16. ¿A quién conoces que podría beneficiarse del desarrollo de una visión y objetivos?

17. ¿Cómo puede ayudarte la planificación previa de la semana a priorizar el tiempo y hacer lo que más importa?

18. ¿Cuál es el mejor momento de la semana para dedicar entre 20 y 40 minutos a la planificación previa de la semana? ¿Configuraste un recordatorio en el teléfono?

19. ¿Qué hábito querrías desarrollar, cambiar o abandonar?

20. ¿Cómo pueden empoderarte los tres grandes a hacer lo que más importa? En otras palabras, ¿cómo mejorarían tu vida?

EQUIPO

1. ¿Cuál es la mentalidad y cultura actual del equipo?

2. ¿Cómo miden su rendimiento y productividad?

3. ¿Qué podría hacer cada miembro del equipo para ser un mejor integrante o líder?

4. ¿Cómo podría el equipo alinearse más alrededor de una visión atractiva?

5. ¿Cuál sería el impacto en el equipo si todos dispusieran de una visión personal escrita?

6. ¿La visión personal de los integrantes y compañeros se alinea con su rol y la visión de la organización? De ser así, ¡genial! Si no es así, ¿por qué?

7. ¿Qué opina tu equipo sobre establecer objetivos?

8. ¿Cuántos integrantes del equipo cuentan actualmente con objetivos específicos y mesurables para el mes, trimestre o año?

9. ¿Cuán a menudo revisan sus objetivos?

10. ¿Cómo pueden expresar sus objetivos evitando palabras como *más* o *mejor*? En otras palabras, ¿cómo pueden expresarlos para definir un objetivo claro?

11. ¿Cómo priorizan su tiempo los miembros del equipo y compañeros para hacer lo que más importa?

12. ¿Cómo podría ayudar la planificación previa de la semana a los integrantes del equipo o compañeros para centrarse en lo que más importa?

13. Si todos revisaran sus objetivos mensuales, trimestrales o anuales cada semana como parte de la planificación previa, ¿qué impacto ejercería en el equipo?

14. ¿Hay algún miembro del equipo con quien podrían rendirse cuentas mutuamente para desarrollar el hábito de la planificación previa de la semana con regularidad?

15. ¿Cuán alineado está el equipo actualmente? ¿Cómo podría la planificación previa de la semana ayudar a cada miembro del equipo a alinearse mejor con lo que más importa?

16. ¿Se reúnen semanalmente como equipo para asegurarse de que están alineados? En caso negativo, ¿cuándo podrían hacerlo?

17. Si dispusieran de una varita mágica para mejorar un solo aspecto del equipo, ¿cuál sería?

18. ¿Cómo pueden los tres grandes ayudar a sus compañeros o miembros del equipo a aumentar su rendimiento y productividad?

AGRADECIMIENTOS

N os sentimos profundamente agradecidos a todas las personas que invirtieron tanto tiempo y esfuerzos en ayudarnos a investigar, editar y organizar *Haz lo que más importa*. Queremos destacar a algunas de las personas que fueron clave en ayudarnos a publicar este libro.

Damos gracias a los miembros del increíble equipo de Becoming Your Best, que nos ayudaron durante años con mucho trabajo entre bastidores: Jamie Thorup, Murphy Smith, Quincy Whittaker, Hanna Fabrizio, Carli Sorenson, Tommy Shallenberger, Laura Shallenberger y Anne Petersen.

Gracias al brillante equipo de Berrett-Koehler por sus sabios consejos, recomendaciones y esfuerzos. Fueron muchos los profesionales del equipo de diseño, *marketing* y comités editoriales. Queremos dar las gracias especialmente a Steve Piersanti, Jeevan Sivasubramaniam, Valerie Caldwell, Rebecca Rider y Maureen Forys.

A quienes nos ayudaron con ediciones, revisiones, sugerencias y nuevas ideas, ¡gracias! Mark Holland, Katie McKnight, Thomas Blackwell, Gary Marlowe, Sue Muehlbach, William Thompson, Kerry Mitchell, Mike Choutka, Melanie Wong, John Jeppson, Suzanne Oliver, Pat Do, Zach Gajewski, Josh Vahovius, Jeff Arnold, Max Ganado, Bruce Matulich, Jean Henri Lhuillier, Terry Grant, Minal Shah, Bobby Gadhia, Noel Otto, Emery Rubagenga, Dan Cantaragiu, Reuben Xuereb, David Xuereb, Charles Spalding, Raul Arizpe, Thibault Relecom, Jody Richards, Erin Galyean, Rick Taylor, Erick McHenry, Jassim Alharoon, Sulaiman Altehaini, Abdulaziz Alahmadi, Abdullah Al-Sharif y Melanie Gentry.

También reconocemos el papel de nuestros mentores e influenciadores clave que ejercieron un gran impacto en nuestras vidas: David Clark, Cal Clark, David Conger, Robert Dellenbach, William Jones, Thomas Monson, Stephen Covey, Gardner Russell, Lael Woodbury y nuestros maravillosos amigos de Synergy Companies.

A nuestros familiares, que han sido la piedra angular y el apoyo que nos ayudó a trabajar en este tipo de proyectos. Gracias a Roxanne, David, Steven, Tommy, Daniel y Anne (y a cada uno de sus maravillosos cónyuges). No nos olvidamos de Tonya, Robbie, Bella, Lana y Clara. Los queremos y esperamos que compartan los hábitos de este libro con las futuras generaciones.

Y, sobre todo, damos gracias a Dios, nuestra fuente de inspiración y guía todos estos años. Creemos que estos principios y hábitos están divinamente inspirados y ayudarán a personas y organizaciones a alcanzar su mejor versión.

—STEVEN AND ROB SHALLENBERGER

ÍNDICE TEMÁTICO

SOBRE LOS AUTORES

Rob Shallenberger

Rob siempre se ha interesado por la aventura y ha sentido la necesidad de desafiar sus límites. Tras graduarse en la Universidad Estatal de Utah y completar un máster en la Universidad Estatal de Colorado, sirvió como piloto de combate en las fuerzas aéreas de Estados Unidos. A lo largo de su carrera, también ocupó el puesto de Agente Avanzado del Air Force One. Fue una etapa emocionante porque pudo trabajar con embajadas extranjeras, el servicio secreto y el personal de la Casa Blanca.

Como piloto del F-16 y Agente Avanzado del Air Force One, experimentó de primera mano lo que significa una cultura de alto rendimiento. En ese mundo, el estándar es la perfección, aunque todavía nadie ha logrado el vuelo perfecto. Las reuniones informativas, pues, formaban parte integral de la cultura. En ellas, los pilotos desarrollan las lecciones aprendidas para repetir el éxito y eliminar los fallos. Parte de la cultura del piloto de combate consiste en hacer las cosas bien y a tiempo. A Rob le pareció que esta cultura de alto rendimiento era divertida, emocionante y enfocada en los resultados. ¡La cultura de los pilotos de combate es de élite gracias a la amplia formación para alinear procesos y esfuerzos!

Rob quería aportar esta misma cultura al sector público y privado, por lo que asociarse con su padre fue la mejor idea, pues él llevaba décadas investigando las claves del alto rendimiento. Juntos, Rob y Steve fundaron Becoming Your Best Global Leadership y prosiguieron la investigación, que culminó inicialmente con la publicación de su primer libro: *Convirtiéndote en tu mejor: los 12 principios de los líderes altamente exitosos*. Tras este lanzamiento, publicaron otros cinco libros, entre ellos *Start with the Vision: The Six Steps to Effectively Plan, Create Solutions, and Achieve Your Goals, Conquer Anxiety* y *How to Succeed in High School* (para adolescentes y padres).

Para Rob, es todo un honor haber formado a cientos de organizaciones de todo el mundo centrándose en los 12 principios de los líderes altamente exitosos y los tres grandes hábitos de *Haz lo que más importa*. Le encanta escuchar historias sobre cómo estos hábitos transforman vidas, tanto a nivel personal como profesional.

Como su padre, el enfoque principal de Rob se basa en la fe y la familia. Lleva 23 años casado y tiene cuatro hijos.

Steve Shallenberger

Tras graduarse en Contabilidad en la Universidad Brigham Young, Steve compró su primera empresa a los 26 años. Creció rápidamente y, antes de que se diera cuenta, contaba con más de 700 empleados. Muchos de ellos eran representantes de ventas que viajaban por el país cada verano para vender libros, vídeos y otros productos.

Era habitual que los gerentes o representantes de ventas le preguntaran: «¿En qué principios o hábitos debería centrarme para estar entre los mejores?». En aquel entonces, Steve tenía algunas ideas, pero cuanto más reflexionaba sobre la pregunta, más se daba cuenta de que tenía que haber una respuesta mejor. Y así empezó su travesía para investigar a los grandes líderes y profesionales de alto rendimiento para determinar qué los diferenciaba del resto. Identificar los 12 principios de las personas y líderes de alto éxito supuso la culminación de 40 años de investigación.

Basándose en los datos, Steve y Rob lanzaron Becoming Your Best Global Leadership. Su enfoque se centra en ayudar a las organizaciones a desarrollar a personas y equipos altamente exitosos que sepan centrarse en lo que más importa. Becoming Your Best Global Leadership fue galardonado por HR.com como uno de los tres principales programas de liderazgo, y sigue recibiendo premios por su formación de alta calidad y el impacto que ejerce en el rendimiento y la productividad.

A Steve se le presentó la ocasión de formar a organizaciones públicas y privadas en distintos lugares del mundo. Continuamente recuerda que, aunque somos distintos en muchos sentidos, los fundamentos del éxito personal y profesional —los tres grandes hábitos de este libro— trascienden razas, culturas y géneros.

A lo largo de su vida, Steve ha formado parte de varias organizaciones que han ejercido un profundo impacto en él y su investigación. Se graduó del programa de Owner/President Management (OPM) en la Harvard Business School y lo influenciaron compañeros con quienes sigue asociándose décadas más tarde. También formó parte de la Young Presidents Organization (YPO) durante más de 38 años. Las relaciones, aventuras y experiencias con la YPO influyeron en muchos de los aspectos de la vida de Steve.

El enfoque más importante de Steve siempre ha sido la familia. Lleva 46 años casado y tiene 6 hijos y 21 nietos.

SOBRE BECOMING YOUR BEST GLOBAL LEADERSHIP

Becoming Your Best Global Leadership es una empresa de formación en liderazgo de primera categoría que alberga todo un conjunto de soluciones de capacitación galardonadas. Su formación se imparte mediante distintos talleres, clases magistrales en vivo y virtuales, certificaciones y *coaching* para transformar a las personas y empoderar a las organizaciones públicas y privadas para crear una cultura guiada por el diseño.

Las especialidades de Becoming Your Best residen en las áreas siguientes:

1. Liderazgo
2. Gestión del tiempo, bienestar y productividad
3. Planificación y resolución de problemas
4. Planificación y alineamiento estratégicos

En 2018, Becoming Your Best ganó el premio al mejor programa de liderazgo global de HR.com por su resultados medidos de formación y el impacto en las organizaciones. Nuestro estándar establece que, independientemente de si la formación es impartida por uno de nuestros capacitadores expertos o por un formador certificado de tu organización, la productividad y el rendimiento aumentarán entre un 30 y un 50 % gracias a nuestras herramientas y procesos de gestión de tiempo y rendimiento patentados. Son resultados que pueden esperarse en ejecutivos, gestores y miembros del equipo de primera línea.

El primer libro de Becoming Your Best, *Convirtiéndote en tu mejor: los 12 principios de los líderes altamente exitosos,* es un éxito de ventas nacional y se fundamentó en 40 años de investigación para identificar lo que distingue al 10 % de los grandes líderes y profesionales de alto rendimiento de distintos sectores. Evidentemente, ninguno de los investigados era perfecto (nadie lo es), pero nos dimos cuenta de que los 12 principios eran un denominador común para el éxito en ellos. Sobre la base de esos 12 principios, Becoming Your Best estableció los cimientos de su galardonada formación en liderazgo y ha capacitado a cientos de organizaciones públicas y privadas de todo el mundo.

El siguiente libro *Start with the Vision: Six Steps to Effectively Plan, Create Solutions, and Take Action*. En nuestra investigación actual, descubrimos que tan solo el 10 % de las organizaciones disponen de un proceso de planificación o resolución de problemas que se emplee en todo el equipo u organización. El proceso de seis pasos les ofrece un lenguaje común y un proceso de planificación para abordar todas las complicaciones y ahorrar incontables horas y una cantidad importante de dinero a la vez que promueven la imaginación y la colaboración.

Este libro —*Haz lo que más importa*— cerrará la brecha de gestión del tiempo y productividad que sufren tantas personas y organizaciones. La formación y certificación correspondientes cambian vidas y empodera a los miembros del equipo para centrarse en los tres hábitos de alto rendimiento que menos del 1 % de la población aplica.

Empresas como Charles Schwab, PepsiCo, Dallas Cowboys y muchas otras han completado esta formación con impresionantes resultados. Además, las empresas de Fortune 500, empresas emergentes y grandes organizaciones gubernamentales también han comprobado la efectividad de la formación de Becoming Your Best con sus personas y equipos. Tenemos socios licenciados y capacitadores corporativos certificados en todo el mundo, y seguimos expandiéndonos a más países.

Nuestra visión

La visión de Becoming Your Best Global Leadership consiste en impactar positivamente miles de millones de vidas. Alcanzar a tantas personas es una visión muy ambiciosa que requerirá años, quizá décadas.

Una de las claves para alcanzar es emplear contenido y formación divertidos, sencillos y escalables que ejercen un impacto tremendo en los resultados personales y profesionales. Asimismo, se logra de manera exponencialmente más rápida cuando los formadores certificados implementan esta capacitación centrada en los resultados a lo largo y ancho de sus propias organizaciones.

¡Te invitamos a ti y tu organización a unirte a nosotros en esta visión de impactar positivamente miles de millones de vidas!

Para formular preguntas sobre las certificaciones de formador, clases magistrales, talleres u otras capacitaciones, escríbenos a Support@BecomingYourBest.com, llámanos al 888-690-8764 o visita nuestra web BecomingYourBest.com.

 **Berrett–Koehler**
Publishers

Berrett-Koehler es una editorial independiente dedicada a una ambiciosa misión: *conectar personas e ideas para crear un mundo que funcione para todos.*

Nuestras publicaciones abarcan muchos formatos, desde impresiones hasta digital, audio y vídeo. También ofrecemos reuniones, formación y recursos en línea. Seguiremos expandiendo nuestros productos y servicios para que nuestro cometido avance.

Creemos que, para resolver los problemas del mundo, todos debemos trabajar en varios niveles: en la sociedad, las organizaciones y nuestras propias vidas. Nuestros recursos y publicaciones abren caminos para crear una sociedad más justa, equitativa y sostenible. Ayudan a las personas a convertir sus organizaciones en más humanas, democráticas, diversas y eficaces (y no creemos que eso entrañe contradicción alguna). Guían a la gente para implementar cambios positivos en sus vidas y alinear sus prácticas personales con las aspiraciones de un mundo mejor.

Y nos esforzamos por predicar con el ejemplo a través de lo que conocemos como «The BK Way». El núcleo de este enfoque es la *administración*, un sentido profundo de la responsabilidad de gestionar la empresa en beneficio de todos los grupos interesados, desde los autores hasta los clientes, pasando por los empleados, inversores, proveedores de servicios, socios de ventas y las comunidades y el entorno que nos rodean. Todo lo que hacemos se fundamenta en la administración y el resto de nuestros valores: *calidad, asociación, inclusión* y *sostenibilidad.*

Por eso Berrett-Koehler es la primera editorial que consigue la certificación de rigor B Corporation y la calificación de *benefit corporation* (una condición jurídica comercial), que nos obligan a adherirnos a los estándares más altos de rendimiento corporativo, social y ambiental. Y por esta razón hemos instituido tantas prácticas pioneras (puedes obtener información al respecto en www.bkconnection.com), como los Estatutos de Berrett-Koehler, la Carta de Derechos y Responsabilidades de los autores de BK y nuestras distintivas Jornadas de Autores.

Agradecemos a nuestros lectores, autores y amigos por apoyarnos en esta misión. Les pedimos que nos compartan ejemplos sobre cómo las publicaciones y recursos de BK marcan la diferencia en sus vidas, organizaciones y comunidades a través de www.bkconnection.com/impact.

Querido lector:

Gracias por escoger este libro; ¡te damos la bienvenida a la comunidad internacional de BK! Acabas de unirte a un grupo especial de personas que se reúnen para implementar cambios positivos en sus vidas, organizaciones y comunidades.

¿Cuál es la misión de BK?

Buscamos conectar a personas e ideas para crear un mundo útil para todos.

¿Por qué? Nuestras comunidades, organizaciones y vidas están empantanadas con viejos paradigmas, interés propio, exclusión, jerarquías y privilegios. Pero creemos que el cambio es posible. Por eso contactamos con líderes expertos en estos desafíos y compartimos sus prácticas e ideas contigo.

Un regalo de bienvenida

Para ayudarte a empezar, queremos ofrecerte una **copia electrónica gratuita** de uno de nuestros éxitos de ventas:

www.bkconnection.com/welcome

Al obtener el **libro electrónico gratuito**, también te suscribirás a nuestro blog.

Nuestras ideas más recientes

Puedes acceder a las mejores y más recientes herramientas e ideas para líderes a todos los niveles en nuestro blog en ideas.bkconnection.com.

Atentamente,

Tus amigos de Berrett-Koehler